사랑이 싫은 사람들을 위하여

손 수 호 드림

사람이
싫다

사람이
싫다

bs

손수호 변호사의
'진짜' 변호사 이야기

변호사는 '글 쓰는' 사람이다.

다양한 법률 서면을 쉴 새 없이 작성한다. 정확하고 날카로운 표현으로 명확히 설명해야 한다. 설득력 있는 문장으로 누군가의 마음을 내 편으로 돌려놔야 한다. 해결하기 힘든 사건을 마주한 변호사가 긴 시간 고민하고 연구한 결과물도 결국 글로 제출된다. 그 글의 일부가 말이 되어 법정에서 오간다. 변호사의 가장 중요한 무기는 말이 아니라 글이다. 변호사는 글을 써서 상대방을 설득하는 사람이다.

변호사는 '통역사'이기도 하다.

일상의 말과 글을 법률 용어로 바꿔 법정에 내놓는다. 반대로 법정의 언어를 잘 풀어서 의뢰인에게 전달한다. 사람들은 법조인들이 쓸데없이 어려운 말을 쓴다고 지적하지만 동의하기 어렵다. 사실 법률 용어는 특수한 기술 분야의 언어에 가깝다. 나름의 규칙이 있고, 그 규칙은 효율적이다. 정해진 기준을 따르면 오해 없이 정확하고 신속하게 소통할 수 있다. 오래 전 의사들이 휘갈겨 쓰던 수기手記 차트와 같다. 알파벳을 읽을 수는 있지만 그 의미는 전혀 알 수 없는 프로그래밍 언어와도 비슷하다.

변호사는 자신들의 기술 용어를 사용해서 세상과 법정을 연결한다.

이처럼 변호사의 하루는 글을 쓰며 시작되고, 글쓰기를 멈추는 순간 그날의 일이 끝난다. 하지만 몰랐다. 변호사의 글쓰기와 문학적 작문은 완전히 달랐다.

법률 문장은 상상력의 개입을 허용하지 않는다. 다른 해석의 여지를 제거해야 한다. 이렇게도 저렇게도 해석되는 문장은 법률 문장으로 사용될 수 없다. 시작부터 끝까지 일관된 논리로 빈틈없이 연결되어야 한다. 그렇지 못한 글과 그 글을 쓴 변호사 모두 실격이다. 반면 문학은 독자에게 상상의 여지를 주어야 한다. 문장에 숨 쉴 공간이 필요하다. 바로 거기에 문학의 가치가 있다.

낮에는 논리와 인과법칙에 기초한 법률 서면을 작성했다. 밤이 되면 틀에서 벗어나 내 이야기를 풀어냈다. 성격이 완전히 다른 일이기 때문에 두 작업을 오가는 일이 쉽지 않았다. 하지만 스스로 잘 적응해야 했고, 이제 그 결과물이 나왔다. 재판 결과를 기다릴 때처럼 기대와 걱정이 교차한다. 그저 재미있다는 평을 들을 수 있다면 더 바랄 게 없겠다.

변호사의 일상 이야기로 시작해서 그동안 겪은 일을 꽤 많이 털어놨다. 책 전체에 직접 겪은 에피소드가 펼쳐져 있다. 다 써놓고 천천히 살펴보니 좋아하는 왕가위 감독의 네 작품이 순서대로 떠올랐다. 각 파트별로 영화의 분위기와 묘하게 닮아 있었고, 시간 순서도 맞아떨어졌다. 그래서 네 편의 영화명을 제목으로 들고 왔다.

이제 작업을 다 마쳤다. 사실 출판사만 허락한다면 앞으로 3년 정도는 더 끌어안고 세심하게 가다듬고 싶다. 하지만 일단 마침표를 찍어야 다음 문장이 시작될 수 있다. 그래서 오늘 과감하게 그 점을 찍었다. 여러분 인생 최고의 책은 아닐지라도 기억에 남는 책 한 권으로 남기를 기대한다. 그렇게 되리라 자신한다.

* 이 책에는 제가 변호사 생활 중 직간접적으로 경험한 여러 사건과 관련된 내용이 담겨 있습니다. 관련 법령을 어기지 않도록 실제 사건을 바탕으로 재구성하였습니다. 언론에 보도되지 않은 사건은 특히 더 주의하였습니다.

〔변호사법〕제24조(품위유지의무 등) ① 변호사는 그 품위를 손상하는 행위를 하여
서는 아니 된다. / 제26조(비밀유지의무 등) 변호사 또는 변호사이었던 자는 그 직무
상 알게 된 비밀을 누설하여서는 아니 된다. 다만, 법률에 특별한 규정이 있는 경우에
는 그러하지 아니하다.

〔변호사윤리장전〕제12조(개인정보의 보호) 변호사는 업무를 수행함에 있어서 개인
정보의 보호에 유의한다. / 제18조(비밀유지 및 의뢰인의 권익보호) ① 변호사는 직
무상 알게 된 의뢰인의 비밀을 누설하거나 부당하게 이용하지 아니한다.

어느 토요일 오후 유언 출장

가을비 내리던 토요일 오후. 재판도 상담도 없어 그나마 여유로운 시간이었다. 책상 앞에 앉아 차 마시며 느긋하게 서류 뭉치를 넘기기 시작했다. 그런데 얼마 지나지 않아 들리는 휴대전화 진동음. 자주 연락 주고받진 못하지만 오래전부터 알고 지낸 지인이었다. 토요일 오후 갑작스러운 연락, 그것도 카톡이나 문자가 아닌 전화라니. 뭔가 급한 일이 터졌을 가능성이 컸다.

역시나 다급한 목소리. 지금 당장 아산병원으로 가 달라는 부탁이었다. 희소병으로 입원한 재력가가 조금 전 의사로부터 오늘을 넘기지 못할 거라는 이야기를 들었는데, 재산 규모가 상당해서 급히 정리해야 하니 와서 유언을 받아달라는 요청이었다. 시간이 없다는 이야기와 함께 환자 아내 연락처도 받았다.

휴일 오후 갑작스러운 출장 요청. 종종 있는 일이지만 사실 조금 귀찮았다. 잘 이해되지 않는 부분도 있었다. 오늘을 넘기기 힘들 정도로 위중한데 과연 지금 유언을 제대로 할 수 있을까? 희소병으로 사경을 헤맬 정도라면 이미 오랜 시간 투병 생활을 했을 텐데, 그런데도 왜 아직 그 많은 재산을 정리하지 못했을까? 재력가라면 가까운 변호사 한둘은 다 있는데 왜 지인을 통해서 처음 보는 변호사에게 연락했을까? 이런 의문을 가진 채 집을 나섰다.

가을비답지 않게 굵은 빗줄기를 뚫고 병원으로 가며 환자 아내와 통화했다. 막상 도착해도 도움을 주지 못할까 걱정돼 궁금한 부분을 미리 물었다. 사정은 이랬다. 환자는 제주에서 부동산 사업을 하던 50대 남성이었다. 몇 달 전 숨쉬는 게 불편해 동네 병원에 갔지만 원인을 알아내지 못했고, 대학병원 몇 군데를 돌고 나서야 겨우 알게 됐다. 근육에 알 수 없는 문제가 생기면서 호흡도 힘들어졌던 것. 우리나라에 스무 명 정도밖에 없을 정도로 매우 드문 질병이었다.

큰 병원에 입원해서 관리받자 상태가 호전됐다. 곧 일상 복귀 가능할 줄 알았다. 하지만 며칠 전 갑자기 상태가 나빠졌다. 그리고 조금 전 의사가 오늘을 넘기기 힘들겠다고 말했다. 아내는 그래도 아직 정신이 멀쩡하고 통증도 간헐적이어서 지금 오면 문제없이 유언장 작성할 수 있으니 빨리 와달라고 부탁했다. 오래전 의절한 전처前妻소생 자녀까지 있어 재산 문제가 복잡하다는 말도 덧붙였다.

유언遺言. 사람이 죽기 전 남기는 말이다. 변호사 업무 중 유쾌한 일이 많지 않은데, 유언과 상속을 다룰 때는 마음이 더 무거워진다. 사람의 죽음에 관한 일이기 때문이다. 유언의 종류와 방식은 법률에 엄격히 규정되어 있다. 녹음, 공정증서公正證書, 비밀증서, 구수증서口授證書로도 할 수도 있지만, 가장 간단하고 일반적인 건 자필증서에 의한 유언이다. 드라마나 영화에 자주 나오듯 죽기 전에 유언장을 작성하는 방식이다. 환자 상태를 직접 확인하고 여러 방식 중 가장 적합한 방식으로 처리해야겠다고 구상하며 병원으로 향했다.

우리 법은 유언이 갖추어야 할 요건을 자세히 규정하고 있다. 조금만 어긋나도 효력이 인정되지 않는다. 유언장도 마찬가지다. 유언자가 전문全文, 연월일, 주소, 성명을 스스로 적고 날인으로 마무리해야 한다. 하나라도 빠지면 안 된다. 다 자필로 적었지만 아들이 주소를 대신 적어준 경우에도 법원은 유언의 효력을 부정했다. 아파트 동·호수를 적지 않고 그냥 '암사동에서'라고 적은 경우도 마찬가지였다(대법원 2014. 9. 26. 선고 2012다71688 판결). 유언 효력에 따라 수억, 수십억의 큰돈이 왔다 갔다 한다. 유언에 관한 분쟁이 생기면 가족 관계가 완벽히 파괴된다. 그러니 미리 꼼꼼히 대비해야 한다.

걱정하는 마음으로 입원실 문을 열었다. 1인실이었다. 다행히 상태는 괜찮았다. 오늘을 넘기기 힘든 위중한 환자로 보이지 않았다. 의사가 뭔가 실수했나. 아니면 아내가 뭔가 감추는 게 있나. 조금 이상하긴 했지만 일단 무사히 내 일을 마칠 수 있을 것 같아 안도했다.

그런데 이런저런 질문에 답하면서 시간이 조금 흘렀고, 그사이 통증이 찾아왔다. 엄청난 통증이었다. 끔찍했다. 지켜보기 힘들었다. 가족들은 몸부림치는 환자를 달래고 간호하느라 정신없었다. 분주히 오가던 의료진도 내게 시선 한 번 주지 않았다. 법정에서 나는 주인공이다. 모두가 주목한다. 하지만 병실에선 쓸모없는 존재였다. 사람 목숨 살리는 데 전혀 도움 안 되는 서류 뭉치나 들고 병상 곁에 우두커니 서 있을 뿐이었다.

5분, 10분…, 시간이 지나도 차도가 없었다. 오히려 점점 더 나빠졌다. 환자가 느끼는 죽음의 공포와 불안이 나에게도 전해졌다. 당신 곧 죽는다는 의사의 말을 조금 전 직접 들은 사람이다. 얼마나 무섭겠는가. 그렇게 한 시간쯤 흘렀다. 죽어가는 환자의 몸부림을 지켜봤다. 나 역시 고통스러웠다. 당장 회복하기 힘들 것 같아 일단 철수하기로 했다. 병실 밖으로 나오니 의절했다던 아들과 며느리가 있었다. 그들은 병실 밖에서 한참 망설이다 그냥 돌아갔다.

안타까웠다.

비 오는 토요일 저녁 교통 상황은 좋지 않았다.

차가 서 있다시피 했다. 하지만 평소와 달리 라디오도 노래도 축구 팟캐스트도 듣지 않았다. 무언가 하고 싶다는 생각이 전혀 들지 않았다. 조금 전 직접 본 그 상황, 그 모습 때문이었다. 이런저런 상념과 감상에 빠진 게 아니었다. 그냥 아예 아무런 생각도 들지 않았다.

전화가 왔다. 모르는 번호였다. 예감이 좋지 않았다. 돌아가셨다는 짧은 연락. 어느 정도 예상했지만 충격이었다. 나는 그날 누군가의 죽음 직전 몸부림을 고스란히 지켜봤다. 심지어 친분도 없고 인생 궤적도 모르는 그날 처음 만난 사람이었다. 멀쩡히 대화 나누던 도중 통증이 시작됐고, 결국 그 후 한순간도 정상으로 돌아오지 못한 채 고통 속에 사망했다. 나는 순전히 관찰자의 시선으로 죽음이 다가오는 순간을 목격했다. 전혀 예상하지 못한 일이었다.

변호사로 일하며 이런저런 괴이한 일과 험한 꼴을 다 겪었다. 여러 사람을 만났고 다양한 경험도 했다. 이제는 어느 정도 무뎌졌다고 생각했다. 하지만 그날 삶과 죽음의 경계선이 서서히 이동하는 순간을 목격한 후 많은 생각을 하게 됐음. 삶과 죽음. 그리고 인생은 무엇인지. 내가 지금 잘살고 있는 건지. 무엇을 위해 사는지. 어떻게 살아야 하는지. 남들 따라 허상을 좇으며 시간을 낭비하고 있는 건 아닌지. 정말 내가 원하는 게 뭔지 알고는 있는지. 한편으론 이제라도 이런 생각을 하게 됐으니 그나마 다행일 수도 있다. 더 늦기 전에 바로잡으면 되니까.

내 삶이 그날 그 순간 전과 후로 나뉠 것 같다. 삶의 방향을 다시 설정하려 한다. 그런데 어떻게 해야 원하는 방향으로 갈 수 있을까. 이런 감상적 순간에도 직업상 습관이 발동했다. 그래서 순서에 따른 인과관계를 따져봤다. 이건 나도 어쩔 수 없는 일이다.

앞으로 어떻게 살 것인지 결정하려면, 우선 '나'는 대체 어떤 사람인지 알아야 하겠다. 그걸 위해서는 내가 어떻게 살아왔는지 확인해야 한다. 그동안 어떤 일을 겪었고 어떤 선택을 해서 어떻게 대응했으며, 지금 그걸 어떻게 기억하는지 살펴보면 되겠다. 유쾌한 기억일 수도 있고 다시 떠올리기 괴로운 순간일 수도 있다. 그래도 하나씩 돌아보겠다. 그동안 겪은 일을 되짚어보면서 앞으로 가야 할 길을 찾으려 한다.

동행을 부탁한다. 완주完走를 기대한다.

Part 1

아비정전

阿飛正傳 Days of Being Wild, 1990

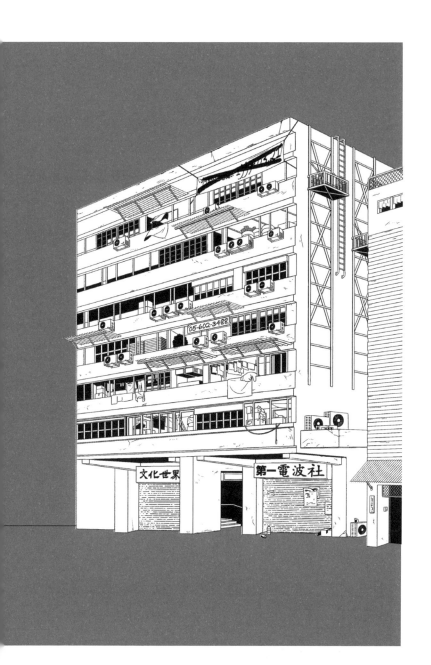

세상에 발 없는 새가 있다더군.
늘 날아다니다가 지치면 바람 속에서 쉰대.
평생 땅에 딱 한번 내려앉는데,
그건 바로 죽을 때지.

아비 장국영

마음 내키는 대로 살던 생활을 뒤로하고,
생모를 만나기 위해 무작정 필리핀으로 떠난 아비.
나도 아비처럼 나의 시작을 찾아 되돌아간다.

비공식

정답

'쉬운 시험'은 어떤 게 있을까? 운전면허 필기시험이 먼저 떠오른다. 많은 사람이 무시하는 시험이다. 하지만 70점을 겨우 넘겨 가까스로 합격한 나로서는 학교 '도덕 시험'이 더 쉬웠다고 말하고 싶다. 중학교 올라가면서 윤리로 과목명이 바뀌고 내용도 급작스럽게 어려워졌지만, 초등학교(국민학교) 도덕 시험은 그렇지 않았다. 100점 맞은 애들이 수두룩했다.

그 시절 공교육 체제에 순응하면서 대체로 보편적인 사고를 했던 나 역시 도덕 문제는 거의 틀리지 않았다. 뻔한 질문마다 늘 당연한 정답이 친절하게 기다리고 있었다. 하지만 나는 아래 문제를 틀렸다. 지금도 그 기억이 생생하다. 당시 나만 오답을 고른 건 아니었겠지만, 그래도 정답 잘 맞힌 아이가 훨씬 많았다.

阿飛正傳   19

철수는 영희의 장난감을 빌려 왔습니다.

철수는 빌려온 장난감을 (　　　)처럼 아껴 쓰고 영희에게 돌려줘야

합니다.

1 내 것

2 빌려 온 것

여러분은 어떤 걸 고르셨는지? 공식 정답은 1번 '내 것'이었다. 내 것처럼 아껴 써야 한다는 거다. 하지만 나는 '빌려 온 것'을 골랐고, 틀리고 말았다. 내 물건은 조금 상해도 괜찮지만 빌려온 물건은 다른 사람 거니까 더 조심해야 한다고 생각했는데, 이럴 수가! 오답이었다.

초등학교 저학년 때의 일인데도 기억이 또렷한 걸 보면, 당시에도 공식 정답에 수긍하지 못했던 것 같다. 일단 객관식 출제가 가능한 문제가 맞냐는 의문부터 든다. 지금처럼 학부모 입김이 강했거나 인천보다 교육열이 높은 다른 지역이었다면 부모들이 그냥 넘어가지 않았을 거다.

단순히 틀렸기 때문에 기억에 남는 건 아니다. 내 두뇌 구조에 따른 가치 판단과 공식 정답 사이의 좁혀지지 않는 간극, 그리고 그로

인한 충격 때문이다. 그런데 저 간단한 질문 속에 아주 거대한 철학적 관점이 들어 있다. 내 것이 우선인가 아니면 남의 것이 먼저인가. 사람은 어떤 마음가짐으로 세상을 살아야 하는가.

30년 넘게 지난 지금 변호사로 일하면서도 매일 새로이 저 문제를 풀고 있다. 변호사는 어떤 자세로 일해야 할까. 내 일처럼 감정을 이입해야 하는가 아니면 남 일처럼 한 걸음 떨어져서 냉정하게 바라봐야 하는가. 어떤 게 의뢰인에게 더 도움 될까. 어려운 문제다. 또한 중요한 문제이기도 하다. 정답을 찾기 위해 우선 변호사의 지위와 역할부터 확인해야 하겠다.

변호사는 직업이자 자격이다. 구체적 소송 절차에서는 사건의 종류에 따라 역할과 명칭이 달라진다. 우선 민사소송에서 변호사는 '소송대리인'이다. 의뢰인과 위임 계약을 체결하고 법원에 '소송위임장'을 제출한 후 당사자의 변론 업무를 대리하여 수행하는 사람이다. 영미권에는 고용된 총잡이^{hired guns}라는 표현도 있다. 한마디로 대신 싸우는 사람이다. 용병이다.

재판장도 재판 중 "손 변호사 변론하세요.", "변호사님 증거 신청하세요."라고 말하지 않는다. 원고 대리인, 피고 대리인이라 부른다. 가사소송과 행정소송에서도 마찬가지다. 반면 형사소송에서 변호사는 '변호인'이다. 같은 제목의 유명한 영화도 있으니 기억하기 쉽다. 수사기관이나 법원에 '변호인 선임서'를 제출하고 피의자와 피고인을 돕는다. 옛날 말이지만 '선임계'라고도 한다.

민사든 형사든 변호사는 언제나 의뢰인 곁에서 의뢰인을 위해 일한다. 중요한 역할을 수행하지만 직접 재판을 받는 당사자는 아니다. 어디까지나 의뢰인을 '돕는' 사람이다. 승패 결과도 당사자에게만 미친다. 바로 그렇기 때문에 혼란과 갈등이 생긴다.

종종 의뢰인으로부터 더 적극적으로 공감하고 자기 입장에서 재판에 몰입해달라는 요구를 받는다. 물론 필요한 일이다. 하지만 의뢰인 입장에 마냥 푹 빠져있는 변호사가 과연 좋은 변호사일까. 감정의 전달자 역할을 충실히 수행하면 일 잘하는 걸까. 그게 정말 의뢰인에게 도움될까.

물론 당장 의뢰인을 만족시킬 수는 있다. 위로받는다고 생각하게 되기 때문이다. 안도감을 느낄 수도 있다. 사실 변호사도 그게 맘 편하다. 해달라는 그대로 다 해줬으니 훗날 결과에 책임지지 않을 핑계가 되기도 한다. 하지만 그렇게 하면 그저 자기 편하게 일하는 변호사가 되고 만다. 아무리 생각해도 양심상 그리고 성격상 나는 도저히 그렇게는 못 하겠다.

그래서 변호사와 의뢰인 사이에 갈등이 싹 튼다. 무조건 내 편이 되어 공감해달라는 고객의 요구. 한 걸음 떨어져 객관적으로 살펴보고 냉정히 대응해야 한다는 직업적 의무감. 정면으로 충돌한다. 이 갈등은 생각보다 팽팽하다. 때로는 관계 자체를 위협할 정도로 심각해진다.

가끔 법정에서 마치 당사자인 것처럼 감정 몰입해서 폭발시키는 변호사를 목격한다. 연극 한 편 보는 느낌이다. 물론 승패 관계없이 사람들 앞에서 그런 한풀이 하는 게 목적인 퍼포먼스형[5] 소송도 있다. 하지만 돈 쓰고 시간 쓰면서 그저 순간의 후련함을 얻을 뿐이다. 권하지 않는다. 고객이 서운해 하더라도 최대한 상대방 비방을 자제한다. 감정적 호소는 가장 마지막으로 미룬다. 나쁜 인상을 주지 않기 위한 노력이다. 물론 속 시원한 맛은 떨어진다. 하지만 판결문 받았을 때 웃을 수 있어야 진정한 승자 아니겠는가. 그게 진짜 변호사의 일이다.

그러나 세상만사 다 그렇듯 송사도 사람 사이 일이다. 그래서 이런 불만 제기를 피하기 어렵다. "변호사님 누구 편이에요? 우리 편 아닌가요? 왜 좀 더 강하게 안 하세요? 저쪽 변호사 한번 보세요. 저렇게 의뢰인 손 맞잡고 눈물까지 흘리면서 최선을 다하잖아요. 이럴 줄 몰랐는데, 솔직히 좀 서운하네요." 난감하다. 당연히 변호사는 의뢰인 편이다. 돈 받고 일하는데 어찌 고객 편이 아닐 수 있겠는가. 하지만 진정 중요한 건 의뢰인을 위해 '어떻게' 일하느냐다.

물론 고객에게 통쾌함을 선사하는 동시에 냉정한 소송 수행으로 승소하는 변호사가 최고다. 철 지난 대중가요 가사처럼 내 편인 듯 내 편 아닌 내 편 같은 변호사가 되기 위해 줄타기 잘해야 한다. 고객도 답답함을 조금 참고 변호사를 믿어줘야 한다. 변호사와 의뢰인이 함께 힘을 모아 노력해야 이길 수 있다.

하지만 당장 억울함에 잠 못 이루는 의뢰인에게는 화끈하게 무조건 내 편 들어주고 책상 쾅쾅 치면서 상대방 욕하고 판사, 검사, 경찰의 만행에 함께 분노하는 변호사가 매력적으로 다가온다. 이해한다. 인지상정이다. 끝까지 믿지 못하고 중간에 변호사를 바꾸는 경우도 있다. 안타까운 일이다.

의뢰인과 변호사 사이에도 궁합이 있다. 호흡, 요즘 말로 케미(스트리)가 중요하다. 그러나 근본적으로 둘은 계약 관계를 이룬다. 그래서 변호사가 자기 일처럼 접근하는 것보다 남 일처럼 바라보는 편이 더 낫다. 그게 실제로 의뢰인에게 좋은 결과로 이어질 때가 훨씬 더 많다.

그래서 나의 선택, 비공식 정답은 40년 가까이 지난 지금도 여전히 2번이다. 내 스타일과 고민을 알아주고 믿어주는 사람을 위해 일하겠다. 지금까지 그래왔고, 앞으로도 계속 그렇게 하고 싶다. 그게 내 스타일이다.

변호사,
원래 이런 건가?

변호사는 어디서 어떤 일을 하며 하루를 보낼까. 늘 분주해 보이긴 하는데 대체 뭘 하기에 그렇게 바빠 보이는지. 어느덧 변호사 3만 명 시대에 접어들면서 주변에 '아는 변호사'가 늘고 있지만, 그래도 여전히 많은 사람이 궁금해 한다. 오해도 많다. 영화나 드라마 속 변호사의 모습은 오해를 더 크게 만든다. 미드는 더더욱 그렇다. 사실상 판타지다. 나도 일 시작할 때까지 잘 몰랐다. 변호사의 삶에서 아주 중요한 부분을 제대로 알지 못했다. 오히려 정반대로 생각하고 있었다. 엄청난 착각이었다.

어린 시절 어른들은 이런 말을 했다. "공부 열심히 해서 판검사 해라." 내 주변뿐만 아니라 거의 모든 어른이 그랬다. 명절에만 보는 먼 친척, 동네 아저씨, 가게 아줌마까지 다 그랬다. 학교 선생님도 마찬가지였다. 그 시절 모두의 덕담이자 응원이었다. 가장 안전하고 무난한 말이었기 때문일 거다. 그래서 나도 자연스럽게 공부 잘하면 법조인이 되어야 한다고 생각했다.

안타깝게도 그건 심각한 논리적 오류였다. 이제 와 돌이켜 보면, 당시 어른들의 말은 공부'를' 잘하면 법조인 '자격'을 얻을 수 있다는 뜻에 가까웠다. 하지만 그 시절 나는 오해했다. 공부'만' 잘하면 '훌륭한' 그리고 '성공한' 법조인이 될 수 있다는 의미로 잘못 이해했다. 착각은 오래 지속됐다. 어린 시절 주변에 법조인이 있었다면 진실을 조금 더 빨리 알 수 있었을까. 그랬다면 다른 직업을 택했을까. 막연하지만 서점주인, 스포츠신문 기자를 꿈꿨는데, 어떻게 됐을까. 지금 와서 알 수 없는 일이다. 나도 궁금하다. 그 시절로 잠시라도 돌아가 보고 싶다.

. . .

사람들은 변호사라는 세 글자 속에 세상 모든 변호사를 다 집어넣는다. 틀린 건 아니지만 정확하지도 않다. 조금만 구체적으로 살펴봐도 알 수 있다. 일단 변호사마다 하는 일이 다르다. 환경도 크게 차이 난다. 사실상 동일한 직업으로 보기 힘든 경우도 많다.

특히 공공기관에서 일하거나 아예 공무원이 된 변호사가 그렇다. 최근에는 경찰에도 많이 들어간다. 영화, 드라마에 자주 등장하는 국선 전담 변호사도 있다. 이보영, 이종석 주연의 드라마 〈너의 목소리가 들려〉를 떠올리면 되겠다. 영화 〈검사외전〉, 〈부당거래〉에 나온 황병국은 특유의 나른한 연기로 강렬한 인상을 주고 국선 전문 배우 이미지를 얻었다. 실제 변호사 아니냐는 평을 들을 정도로 실감났다.

기업체에서 일하는 사내 변호사도 크게 늘고 있다. 직접 법정에 나가는 대신 금융, 투자, 인수 · 합병 업무를 주로 수행하는 자문 변호사도 있다. 아예 사업에 뛰어든 경우도 있다. 그중 얼마나 성공하는지는 모르겠다. 그게 다 정상적인 사업인지는 더더욱 모르겠다.

정치하는 변호사도 많다. 국회의원 당선돼서 떵떵거리는 변호사만 눈에 보이지만, 어떻게든 그 근처라도 가보려고 발버둥 치는 사람이 수두룩하다. 당선돼도 문제, 금뺏지(금배지라고 적어야 옳지만, 어감상 '금뺏지'가 더 어울린다.) 못 달면 더 큰 문제다. 정치 시작한 걸 후회하면서도 본전 생각에 포기 못 하고 어정쩡하게 인생 허비하는 변호사가 적지 않다. 하지만 전 국민의 절반을 적으로 돌리는 일에 뛰어드는 건 적어도 내 기준으론 합리적인 선택이 아니다. 즐거운 인생을 원한다면, 정치권 근처도 기웃거리지 않아야 한다.

이렇게 다양한 유형을 살펴본 다음에야 우리가 생각하는 일반적인 변호사가 등장한다. 드라마, 영화에 나오는 바로 그 변호사다. 구치소 가서 구속된 의뢰인 만나고, 경찰이나 검사와 실랑이 벌이고, 법정에서 변론하고, 상대방 변호사와 티격태격하는 변호사. 송무 변호사라 부른다. 나 역시 그중 한 명이다. 그럼 도대체 내가 범한 그 중대한 오류는 뭘까. 그건 바로 송무 변호사가 해야 하는 일에 관한 오해였다.

재판에서 이기기 위해 책 읽고 연구하는 사람이 변호사인 줄 알았다. 물론 틀린 말은 아니다. 그게 기본이다. 법은 계속 바뀌고, 새로운 판례가 매일 쏟아진다. 제대로 된 법률 서비스를 제공하고 합당한 대가를 받으려면 끝없이 공부해야 한다. 가끔 토요일 아침 변호사협회 의무 교육 받으러 서초동 회관에 간다. 환갑은 훨씬 지나 보이는 변호사들이 맨 앞줄에 앉아 누구보다 열심히 강의 듣는다. 그 열정과 노력이 대단하다. 나를 돌아보고 반성한다. 하지만 한편으론 슬퍼지기도 한다. 이 직업은 대체 언제까지 긴장하며 노력해야 하는 건지. 가슴이 답답해진다.

그런데 이렇게 책상에서 노력하는 것만으로 충분하지 않다. 이게 고민의 시작이자 핵심이다. 변호사로 성공하려면 공부만으로는 안 된다. 턱도 없는 일이다. 왜냐고? 변호사 일도 하나의 '사업'이기 때문이다. 변호사는 학자가 아니라 기업 경영인이다.

1인 사업체든 법무법인 대표변호사든 마찬가지이다. 도심 대로변 번듯한 사무실에 고용 변호사 여러 명 두고 일하는 변호사와 도저히 변호사가 있을 것 같지 않은 허름한 곳에 달랑 비서 한 명 둔 변호사. 그리고 비서조차 없는 나홀로 변호사까지. 얼핏 보면 다르지만, 본질은 동일하다. 이들 모두 '사업'을 하고 있다. 법무법인 설립해서 변호사와 직원 여럿 고용한 변호사는 더더욱 그렇다. 경영자로서 신경 써야 하는 일의 비중이 훨씬 더 크다. 다른 사업과 다를 게 없다. 무엇보다 돈이 필요하기 때문이다. 사무실 임대료, 직원 월급, 퇴직금, 식비, 청소비, 교통비, 전기, 수도, 가스요금에 하다못해 사무실에서 쓰는 A4 용지와 볼펜 값까지. 들어가는 돈은 참 다양하다. 신기하게도 새로운 지출 항목이 계속 생겨난다. 그러니 회사 운영비를 만들기 위해 끊임없이 일거리를 받아 와야 한다. 매월 정기적으로 들어오는 자문료도 있고, 그때그때 사건 생기면 받는 수임료도 있다.

우리가 떠올리는 가장 평범한 변호사는 매일매일 이런 경영 활동을 한다. 법리에 밝고 재판에 능숙해야 하지만, 그와 함께 회사 운영도 잘해내야 한다. 이 중요한 사실을 제대로 알지 못한 채 변호사 생활을 시작했다. 그래서 시행착오를 겪었다. 세상은 무섭다. 변호사도 당한다. '눈뜨고 코베인'이라는 인디 록밴드 이름이 그냥 나온 게 아니다. 늘 정신 바짝 차려야 한다. 방심하면 어김없이 일이 터진다.

한 이태리 명품 유통 업자 얘기를 하려 한다. 여러모로 따져봤을 때, '이탈리아'보다 '이태리伊太利'로 쓰는 게 더 어울리는 사람이었다. 주로 G와 B로 시작하는 브랜드를 취급했다. 물론 정품이었다. 갖가지 방법으로 물건을 확보해 전 세계에 팔았다. 그야말로 '갖가지' 방법이었다. 불법과 편법을 우습게 넘나들었다. 대단했다.
단어 몇 개 계속 돌려쓰는 느낌이 살짝 들긴 했지만, 어찌 됐든

阿飛正傳

이태리어도 곧잘 했다. 이때도 이탈리아어보다 이태리어가 어울린다. 재주 좋은 업자였다. 돈도 많이 벌었다. 어느 날 가방과 지갑을 선물로 주기에 그냥 받았다. 공무원도 아닌데 선물이 문제 될 일 없지 않나. 그런데 아차. 그게 수임료 대신이었을 줄이야. 노련미에 당했다. 치고 빠지는 기술이 현란했다. 수세에 몰리자 이태리식 빗장 수비 카테나치오catenaccio로 단단히 걸어 잠갔다. 이태리 명품 할머니, 건강히 잘 지내시죠?

그림을 받은 적도 있다. 망해버린 의사였다. 부친이 국립대 의대 학장을 지낸 의사 집안이었다. 사건은 완벽히 처리했다. 하지만 성공보수 줄 돈이 없다며 돌아가신 아버지 집에 걸려 있던 그림이라도 주겠다고 했다. 그림 보는 눈은 없지만 줄 게 아무것도 없다고 하니 일단 그거라도 받았다. 부산의 한 미대 학장이 그린 그림이었다. 차에 잘 들어가지 않을 정도로 컸다. 집에 와 신문지 포장을 뜯었다. 유화였다. 화병에 꽂힌 꽃 그림이었다. 그런데 이런. 군데군데 칠이 벗겨져 있었다. 곰팡이도 피어 있었다. 꽃 그림에서 시궁창 냄새까지 났다. 몰락한 집안의 느낌이 확 전해졌다. 7년째 방 한구석에 처박혀 있다.

다 한참 전 이야기들이다. 할머니 가방은 여전히 잘 쓰고 있다. 무겁기는 해도 튼튼하다. 그러나 볼 때마다 예전 일이 떠올라 득보다 실이 더 크다. 그림도 아직 방에 있다. 미련이 남아 버리지 못했다.

귀찮기도 했다. 심지어 버리려면 돈 들어간다. 궁금해서라도 버리기 전에 가치 평가 한번 받고 싶다. 억울해서일지도 모른다. 이런 일 생기면 손해가 크다. 정신 바짝 차려야 한다.

대학 진학 준비하면서 경제, 경영, 통계, 회계학과는 단 한 번도 생각하지 않았다. 숫자와 관련된 분야에는 전혀 관심 없었다. 흥미뿐 아니라 재능도 없었다. 수능 수리영역 80점 만점일 때 가까스로 절반 넘겼다. 마지막 주관식 문제를 운 좋게 찍어 맞혀서 그 점수라도 받았다. 평생 그쪽과 관계없이 살 줄 알았다.

그런데 이럴 수가. 전혀 아니었다. 변호사가 되고 또 독립해보니 기다리고 있는 건 경영자의 삶이었다. 매월 운영비 이상의 돈이 회사에 들어오도록 만들어야 한다. 일하고 대가 받을 기회를 어떻게든 얻어내야 한다. 머릿속 한쪽에 늘 숫자가 둥둥 떠다닌다. 미처 예상하지 못한 일이다.

회사에는 직원이 여럿 있다. 운영비 규모는 점점 커졌다. 사무실 월세만 천만 원씩 들어간다. 운영비 조달은 누가 대신해줄 수 없는 일이다. 장사하는 친척이 있었으면 어릴 적에 대략 감이라도 느꼈을 텐데 그럴 기회도 없었다. 세상을 너무 늦게 알게 됐다. 하지만 하늘이 도와서 그동안 큰 탈 없이 유지했다. 그리고 이제는 이런 스트레스도 어느 정도 익숙해졌다.

경영자로 살며 많은 걸 배웠다. 느낀 건 훨씬 더 많다. 세상을 바라보는 시야가 넓어졌다. 사람에 대해 깊게 생각하게 됐다. 좋은 일이다. 하지만 반대로 딱 그만큼 사람을, 사회를, 세상을 순수하게 바라보지 못하게 됐다.

역시 세상은 만만하지 않다. 멋모르고 덤비던 그때를 떠올리면 지금도 아찔하다. 하지만 그래도 어찌어찌 여기까지 흘러왔다. 다행이다. 그동안 겪은 일이 다 기억나진 않는다. 첫 의뢰인, 첫 재판, 첫 승소의 기억조차 가물가물하다. 어쩌면 그게 다행이다. 정신 건강에는 더 좋은 일이다.

서울시청 근처 햄버거 가게 출입문에 이런 표지가 붙어 있었다. "브로커 출입 금지" 얼마나 브로커가 많으면 입구에 큼직하게 써 붙여 놨을까. 외부 일정이 있으면 중간 중간 가게에서 밥 먹고 차 마시며 일도 한다. 그날 내 옆 테이블에 60대 신사가 앉아있었다. 나름 깔끔한 차림에 지적인 풍모. 커피 한 잔 시켜놓고 앉아 있는 노신사 앞에 여러 사람이 차례로 들어와 앉았다.

손님들은 신사의 이야기를 귀담아든다 뭔가에 사인하고 고마워하며 돌아갔다. 분위기가 묘했다. 내용이 궁금했다. 이어폰 끼고 안 듣는 척하며 귀 쫑긋 세워 엿들었다. 기대와 달리 흔하디흔한 부동산 투자 권유였다. 사기인지 투자인지는 모르겠다. 둘 다일 수도 있다. 별것 아닌 이야기로 사람 홀리는 기술이 대단했다. 감탄했다.

전 세계에 매장이 있는 유명한 햄버거집이었다. 그런데 그들 누구도 햄버거를 시키지 않았다. 심지어 커피 한 잔 주문하지 않았다. 그냥 앉아서 일 보고 돌아갔다. 대여섯 팀을 만난 신사 브로커는 쏠쏠한 영업 성과를 올렸겠지만, 두 시간 동안 가게 매상은 브로커가 시킨 커피 한 잔이 전부였다.

그들에게 그 햄버거 가게는 서울 한복판 제일 비싼 땅에 있는 무료 사무실이었다. 탁월한 대중교통 접근성과 쾌적한 내부 환경을 거의 공짜로 누렸다. 도심 사무실 임대료와 관리비를 생각하면 엄청난 일이다. 그런 브로커가 한두 명이 아닐 거다. 얼마나 자주 찾아와 민폐를 끼쳤을까. 그러니 "브로커 출입 금지" 조치를 취할 수밖에.

사실 브로커는 나쁜 말이 아니다. 하지만 우리나라에서는 대단히 부정적인 용어로 쓰인다. 불법을 행하거나 탈법적 수단을 동원해서 일하는 사람이라는 인상을 주기 때문이다. 물론 브로커 나름이긴 하다. 창업, 대출, 투자, 무역, 취업, 입시, 진학, 유학, 연구, 의료, 제약, 종교, 정부기금, M&A, 선거, 코로나 등 브로커가 움직이는 분야는 다양하다. 그리고 문제의 '법조 브로커'도 있다.

'법조 브로커'는 변호사가 귀하던 시절의 유물이다. 사건이 생겨도 어지간해선 변호사 직접 만나기 어려웠던 시절이 있었다. 돈은 변호사가 받지만 실제 업무는 사무장이 처리하고, 고객은 변호사 얼굴 한번 보기 힘들었던 그 시절. 브로커는 법률서비스 제공자와 소비자를 연결해주는 역할을 했다.

하지만 심각한 문제가 있다. 변호사를 소개해주면서 브로커는 불법 수수료를 챙긴다. 변호사법 위반이다. 의뢰인으로부터 받을 때도 있고 변호사에게 받을 때도 있다. 양쪽에서 받기도 한다. 더 큰 문제가 있다. 브로커에 속아 넘어간 의뢰인은 자신이 속았다는 사실조차 알지 못한다.

첫째, 말도 안 되는 사건, 절대 못 이기는 사건인데도 이길 수 있다고 속이는 경우. 무조건 이긴다고 거짓말해서 돈만 챙기고 소송 결과는 책임지지 않는다. 패소 뒷감당은 브로커가 아닌 변호사에게 돌아간다. 변호사도 못 이길 걸 잘 안다. 하지만 형편 안 좋은 변호사는 일단 돈이 급하니 브로커에게 수수료 지급하더라도 그 사건을 '구매'한다.

둘째, 전관예우 허풍. 낚시터나 동창 모임 정도를 빼면 허풍이 가장 난무하는 곳은 서초동 아닐까. 법원 출신 변호사를 통하면 안 되는 일 없다며 의뢰인을 현혹한다. 알고 보면 법원 떠난 지 10년도 넘어 이미 단물 다 빠진 상태지만, 의뢰인은 그런 사정까지 따질 능력도 경황도 경험도 없다. 합리적으로 판단하기 전 이미 브로커의 언변에 무장 해제된다. 심지어 브로커는 실제로 로비를 할 것도 아니면서 로비 자금을 받아 챙기기도 한다. 교제비, 인사비, 식사비, 캐디비, 선물값 등 명분도 다양하다. 이 모든 게 속임수다.

셋째, 수임료 착시 현상. 법조 브로커는 대가 없이 움직이지 않는다. 수수료 챙기는 게 목적이다. 그게 그들의 밥벌이 수단이다. 대체로 30% 떼 가는데 사건에 따라 절반 넘게 가져가기도 한다. 그만큼 변호사 몫은 줄어든다. 의뢰인은 그 사건에 100을 지출했지만, 변호사는 50에서 70을 받을 뿐이다. 변호사는 실제로 받은 돈의 액수에 따라 그 사건의 가치를 매긴다. 따라서 의뢰인이 바라는 서비스 수준과 변호사가 제공하는 업무의 질 사이에 큰 간극이 생긴다. 심각한 갈등으로 이어진다.

브로커로부터 받은 사건일지라도 변호사가 최선을 다해 열심히만 해준다면 다행이다. 하지만 그런 기대는 애초에 하지 마시라. 변호사들이 어떤 사람인데. 의뢰인은 돈 쓰고 시간 쓰고 고생하다 결국 패소 판결문을 받는다. 속았다는 걸 나중에라도 알게 된다면 그나마 다행이다. 대부분 속은 줄도 모르고 지나간다.

이럴 때 흔히 이용되는 환상적 기술이 있다. 부도덕한 변호사와 브로커가 애용하는 "법원이 썩었어요." 스킬이다. 일단 상대방 변호사가 판사와 대학 동창이다, 동향이다, 예전에 함께 일했다, 같은 골프 모임이다, 같은 아파트 단지에 산다, 애들이 같은 학교 다닌다, 같은 교회 다닌다 등등 다양한 핑계를 댄다. 그런 이유로 이상한 판결이 나온 것처럼 둘러댄다.

이래서 사법개혁이 필요하다며 의뢰인보다 먼저 분개한다. 의뢰인은 그런 변호사가 고마워 눈물 흘린다. 허공에 주먹 휘두르며 분노한다. 그리고는 '셀프 사법 피해자'가 되고 만다. 법원 앞에서 평생 안 해본 1인 시위도 한다. 믿기 힘들지만 실제로 벌어지는 일이다. 법원, 검찰, 경찰 탓이라고 믿는 일 가운데 상당수는 타락한 변호사 잘못이다. 브로커는 공범이다.

이런 일이 대체 왜 벌어질까. 이유는 결국 돈이다. 개인사무실이든 법무법인이든 변호사가 일하려면 인적·물적 조직이 필요하다. 임대료, 인건비. 돈이 들어간다. 이런 비용 다 낸 다음 뭐라도 남아야 집에 생활비로 가져갈 수 있다. 그런데 경쟁이 치열해지면서 밀려나는 변호사가 생겨난다. 도박, 주식, 호색, 질병, 사업 실패로 힘들어진 변호사도 한둘이 아니다. 적자 면하기 어려우면 불법 브로커의 유혹을 뿌리치기 힘들다.

변호사는 주변에 도움 청하기도 어렵다. 큰맘 먹고 힘든 사정 털어놔도 사람들이 안 믿는다. 사람들은 변호사는 다 잘 먹고 잘살 것이라 생각한다. 힘들다고 해봐야 엄살로 취급된다. 그래서 어떻게든 잘 나가는 것처럼 보여야 한다. 일단 겉이 번지르르해야 사람들은 그 변호사가 실력 좋아서 사건을 많이 수임한다고 생각한다. 그래야 자기 사건도 맡기고, 주변 지인에게 소개라도 해준다. 그래서 변호사는 속으로 엉엉 울면서도 마지막까지 사채 끌어 쓰며 잘나가는 척 허세 부릴 수밖에 없다. 이렇게 막다른 골목에 다다른 변호사가 브로커와 거래를 마다할 리 만무하다. 당장 착수금이 선불로 들어온다는 건 엄청난 유혹이다. 그 사건을 어떻게 처리할지, 혹시라도 패소한 후 어떻게 무마할 것인지는 나중에 생각하면 된다.

반대 경우도 있다. 전관前官 마케팅으로 사건 긁어모으는 변호사다. 기회를 놓치지 않고 크게 한몫 잡으려는 건데, 과도한 욕심의 끝은 좋지 못하다. 언젠가 사건 터지고 신문, 방송에 이름이 오르내린다. 심지어 감옥에도 간다.

개업 후 여러 소문에 휩싸였던 검사 출신 변호사는 자연을 공화국으로 만들려던 화장품 회사 오너로부터 상습도박 사건 청탁 대가로 뒷돈 받아 구속되고 징역 2년형을 받았다. 같은 사람으로부터 형사 재판 수임료로 50억 받은 판사 출신 변호사도 감옥에 갔다. 원하는 재판장이 사건 배당받도록 해주겠다는 대담한 제안까지 했다. 다른 건 몰라도 그건 정말 해도 해도 너무했다. 결국 징역 5년 6개월. 추징금만 43억 원. 그들에게 판사, 검사 경력은 로비스트 면허증이었나. 욕심이 과해도 너무 과했다. 물론 끝까지 안 걸리고 떼돈 벌어 이 판 떠난 사람도 꽤 있을 거다.

이렇듯 변호사에게 사건 수임이 중요하다 보니, 종종 영업 비법이 뭐냐는 질문을 받는다. 그럴 때면 솔직하게 대답한다. "(고민하는 표정으로 2.5초 정도 생각하는 척한 다음) 저…, 영업 안 하는데요." 그게 사실이다. 하지만 다른 사람들에게는 그렇게 들리지 않는 것 같다. 질문자는 떨떠름한 표정을 짓는다. 뭔가 감추면서 알려주지 않는다고 생각하는 것 같다.

하지만 아무리 생각해봐도 나만의 특별한 영업 기법은 없다. 그저 수임한 사건을 제대로 열심히 처리할 뿐이다. 승소가 가장 효과적인 영업이다. 직원들이 똑바로 정성들여 일하도록 어르고 달래고 다그치는 게 그나마 비결일 수는 있겠다.

같이 술 마시고 골프 치며 어울리는 자리를 피한다. 술이 약해서 다음 날 너무 힘들다. 무알콜 맥주 마셔도 숙취로 고생한다. 무엇보다 낮에 성실하게 일하면 저녁에는 늘 피곤하다. 내가 의뢰인이라면 밤마다 놀러 다니는 변호사에게는 사건 맡기지 않을 거다. 영업 핑계로 놀러 나갈 힘도 시간도 의지도 없다. 쉬어야 체력과 집중력이 가까스로 회복된다.

하지만 가끔 이런 상상도 해본다. 왕성한 체력으로 새벽에 조찬 모임 나가고 점심에 의뢰인들과 밥 먹고 저녁에 술 마시고 주말에는 골프 나가면 어땠을까. 수입이 지금보다 더 많았을까? 그럴 가능성이 크지만, 사실 잘 모르겠다. 생각만 해도 피곤하다. 너무 피곤하다.

변호사마다 각자의 생활 방식이 있을 거다. 모두에게 적용되는 정답은 없다. 개인의 선택이 있을 뿐. 그러니 앞으로도 계속 내 방식대로 하겠다. 브로커와 거래하지 않고, 술 접대도 안 할 거다. 남은 체력은 책상 앞에 앉아 쏟아내겠다. 응원해달라.

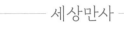

세상만사
결국은 '장사'

법조 브로커는 여기저기서 활발히 움직인다. 돈이 되니까. 변호사도 브로커를 배척하지 못한다. 굳이 배척하지는 않는다는 말이 더 옳다. 역시 돈이 되니까. 브로커는 사건을 물어오고, 변호사에게 사건은 곧 돈이다. 이렇게 변호사와 브로커는 공생한다. 물론 불법이다. 처벌 대상인 범죄다. 하지만 돌아가는 사정을 보면, 앞으로도 사라지지 않을 것 같다.

브로커와 변호사는 한 팀이다. 이들은 공모해서 의뢰인을 속인다. 공생 관계를 넘어 아예 브로커가 변호사를 고용하기도 한다. 이른바 '사무장 로펌'이다. '사무장 병원'만 있는 게 아니다. 돈이 되는 곳에 욕심이 생겨나고, 욕심은 곧 불법으로 연결된다. 어디나 그렇다. 법조계든 의료계든 사람 사는 곳은 다 똑같다.

이렇게 불법으로 만든 조직이 일을 제대로 하겠는가. 그럴 리 없다. 사무장 병원은 가짜 환자와 과잉 진료로 건강보험 재정을 축낸다. 사회악이다. 낙오돼 사무장에게 불법 고용된 변호사도 마찬가지다. 범죄에 가담한 사람들이다. 국가적 해악이다. 그들은 매달 받을 수 있는 월급 몇 푼이 간절할 뿐이다. 책임감 가지고 의뢰인을 위해 일할 이유가 없다. 그런 줄 모르고 속아 넘어간 의뢰인만 불쌍하다.

변호사 이야기를 시작하고선 지금까지 계속 돈 이야기를 하고 있다. 의아할 수도 있겠다. "이건 내가 생각한 변호사가 아닌데?" 또는 "변호사가 도대체 왜? 그럴 리 없잖아."라는 생각들. 대단히 미안하지만 완벽한 착각이다. 돈 계산, 돈 걱정, 돈 욕심을 떠난 변호사 생활은 상상할 수 없다. 공무원이 되거나 기업체에 들어간 경우를 제외하면 변호사도 경영자이기 때문이다.

물론 세속적 안락함에 초연한 변호사도 없지 않다. 소외된 자들을 위해 헌신하는 변호사도 있다. 매일 생존 투쟁을 벌이는 속물 변호사로서 진심 어린 존경을 보낸다. 아무튼, 그래서 범위를 조금 좁혀야 하겠다. '평범한' 변호사의 삶을 다루면서 돈 이야기부터 하게 되는 이유가 뭘까. 그게 가장 절박한 문제이기 때문이다. 그럼 왜 그렇게 절박해진 걸까? 간단하다. 경쟁이 치열해져서 그렇다.

우리나라 1호 변호사는 1906년에 나왔다. 그로부터 100년 지난 2006년 1만 명이 되었고, 2014년 2만 명을 넘더니, 2019년에는 3만

명을 돌파했다. 앞으로 더 빠른 속도로 늘어날 거다. 매년 사망하는 변호사보다 새로 자격을 취득하는 변호사가 압도적으로 많다. 국세청 자료에 따르면, 법률 시장 매출 규모는 연 6조 원 정도. 이 두 가지만 알아도 대충 계산이 나온다. 아무리 숭고한 사명감이 있더라도 변호사 역시 생활인이다. 먹고 살려면 돈을 벌어야 한다.

능력 좋은 변호사가 돈을 잘 번다. 아니 그 반대일 수도 있겠다. 일단 변호사로서 돈 벌 재주가 있어야 제대로 실력 발휘할 기회가 주어진다. 물론 법조 브로커 같은 불법 수단을 동원하는 건 능력이 아니다. 그건 반칙이다. 범죄다. 변호사 업무의 특수성과 별개로 평범한 변호사는 금전적 이익을 1차 목적으로 활동하는 사업가이자 경영인이다. 변호사도 회사를 경영한다. 그게 현실이다.

그렇다면 법은 어떻게 되어 있을까. 변호사법부터 보자.

변호사법 제1조 │ 변호사의 사명

1 변호사는 기본적 인권을 옹호하고 사회정의를 실현함을 사명으로 한다.

2 변호사는 그 사명에 따라 성실히 직무를 수행하고 사회질서 유지와 법률제도 개선에 노력하여야 한다.

시작부터 변호사에게 공적 의무를 부여한다. 개개인의 이익 추구보다 변호사로서 사명감과 책임감이 더 중요하다는 내용이다.

변호사 윤리장전도 있다. 그중 제일 앞에 있는 윤리강령 내용 역시 변호사에게 상당한 수준의 책임을 부여한다.

변호사 윤리장전

1 변호사는 기본적 인권의 옹호와 사회정의의 실현을 사명으로 한다.

2 변호사는 성실·공정하게 직무를 수행하며 명예와 품위를 보전한다.

3 변호사는 법의 생활화 운동에 헌신함으로써 국가와 사회에 봉사한다.

4 변호사는 용기와 예지와 창의를 바탕으로 법률문화향상에 공헌한다.

5 변호사는 민주적 기본질서의 확립에 힘쓰며 부정과 불의를 배격한다.

6 변호사는 우애와 신의를 존중하며, 상호부조·협동정신을 발휘한다.

7 변호사는 국제 법조 간의 친선을 도모함으로써 세계 평화에 기여한다.

변호사 업무의 공공성 때문일 것이다. 그만큼 변호사가 우리 사회에서 중요한 구실을 하고 있다는 증거이기도 하다. 충분히 수긍할 수 있다. 그런데 흥미로운 부분이 있다. 변호사 윤리장전은 그동안 여러 차례 개정됐는데, 2014년도 개정 내용이 재미있다. 대한변

협 정기 총회 자료를 보면, 변호사의 윤리의식을 더욱 공고히 하면서도 "현실에 보다 잘 부응"하는 내용과 표현으로 개정했다고 한다.

우선 "변호사는 권세에 아첨하지 아니하고 재물을 탐하지 아니하며 항상 공명정대하여야 한다(제2조 제1항)."는 규정이 깔끔하게 삭제됐다. 그럼 이제부터는 재물을 탐해도 된다는 건가? 다른 조항도 삭제됐다. "변호사의 사명은 기본적 인권의 옹호와 사회 정의의 실현에 있으므로 그 직무는 영업이 아니며, 대가적 거래의 대상이 되어서는 아니 된다."는 제29조 제1항이 사라졌다. 그렇다면 이제 변호사도 자유로이 영업하는 진정한 경영인으로 공식 취급되는 건가? 그런데 그게 그렇지도 않다. 점점 더 헷갈린다. 이럴 땐 판례를 봐야 한다.

대법원은 변호사가 상인商人이 아니라는 태도를 고수하고 있다. 분명 법무법인을 경영하고 있음에도 변호사는 법적으로 상인이 아니다. 아래 판례를 굳이 다 읽을 필요는 없다. 즐거워야 하는 독서가 한순간에 공부가 될 수 있으니 건너뛰어도 아무런 지장 없다. 문장 하나에 쉼표가 일곱 개나 있다. 숨 막힌다. 요약하면, 고도의 공공성과 윤리성이 요구되는 변호사 업무는 최대한의 영리를 추구하는 상인의 영업 활동과 그 본질이 다르기 때문이라는 거다.

변호사의 영리추구 활동을 엄격히 제한하고 그 직무에 관하여 고도의 공공성과 윤리성을 강조하는 변호사법의 여러 규정에 비추어 보면, 위임인·위촉인과의 개별적 신뢰관계에 기초하여 개개 사건의 특성에 따라 전문적인 법률지식을 활용하여 소송에 관한 행위 및 행정처분의 청구에 관한 대리행위와 일반 법률사무를 수행하는 변호사의 활동은, 간이·신속하고 외관을 중시하는 정형적인 영업활동을 벌이고, 자유로운 광고·선전활동을 통하여 영업의 활성화를 도모하며, 영업소의 설치 및 지배인 등 상업사용인의 선임, 익명조합, 대리상 등을 통하여 인적·물적 영업기반을 자유로이 확충하여 효율적인 방법으로 최대한의 영리를 추구하는 것이 허용되는 상인의 영업활동과는 본질적으로 차이가 있다 할 것이고, 변호사의 직무 관련 활동과 그로 인하여 형성된 법률관계에 대하여 상인의 영업활동 및 그로 인한 형성된 법률관계와 동일하게 상법을 적용하지 않으면 아니 될 특별한 사회경제적 필요 내지 요청이 있다고 볼 수도 없다.

따라서 근래에 전문직업인의 직무 관련 활동이 점차 상업적 성향을 띄게 됨에 따라 사회적 인식도 일부 변화하여 변호사가 유상의 위임계약 등을 통하여 사실상 영리를 목적으로 그 직무를 행하는 것으로 보는 경향이 생겨나고, 소득세법이 변호사의 직무수행으로 인하여 발생한 수익을 같은 법 제19조 제1항 제11호가 규정하는 '사업서비스업에서 발생하는 소득'으로 보아 과세대상으로 삼고 있는 사정 등을 감안한다 하더라도, 위에서 본 변호사법의 여러 규정과 제반 사정을 참작하여 볼 때, 변호사를 상법 제5조 제1항이 규정하는

'상인적 방법에 의하여 영업을 하는 자'라고 볼 수는 없다 할 것이므로, 변호사는 의제상인에 해당하지 아니한다.

_ 대법원 2007. 7. 26. 선고 2006마334 결정

하지만 변호사도 사업자등록을 한다. 사업자등록증에 '서비스업'으로 기재된다. 용역 제공 대가인 수임료를 받는다. 부가가치세도 내고, 제한적이지만 광고도 가능하다. 그런데도 우리 법은 변호사를 상인으로 보지 않는다. 그래서 법무법인은 등기사항에 '상호'가 아닌 '명칭'을 쓰게 된다. 이처럼 변호사를 일반적인 상인으로 보지 않기 때문에 여러 규제를 두고 상당한 의무를 부여하면서 엄격히 다룰 수 있게 된다.

모두가 어떻게든 변호사의 상인성을 부정하기 위해 노력하는 것 같다. 이유가 뭘까. 답은 한참 전에 이미 나왔다. 우선 변호사업業의 실질을 주목해야 한다. 실질적으로 변호사는 상인이다. 영업도 하고 용역을 제공하고 그 대가를 받는다. 바로 그렇기 때문에 변호사를 상인이 아니라고 하기 위해 노력한다. 역설적인 상황이다.

오해하면 안 된다. 변호사 직무는 특수하므로 통제는 당연히 필요하다. 규제를 풀자는 이야기가 아니다. 오히려 더 강한 간섭이 필요하다. 변호사를 대하는 의뢰인의 태도 그리고 의뢰인을 상대하는 변호사의 자세를 말하고 싶은 거다.

합당하고 적절한 대가를 받고 최선을 다해 일하는 변호사가 되어야 한다. 최선을 다해 일하는 것도 중요하지만, 적절한 대가를 받아야 한다는 사실이 그에 앞선다. 그래야 변호사가 그 사건에 집중하고, 의뢰인은 질 좋은 서비스를 받을 수 있다. 고객과 변호사 모두에게 이익이다. 좋은 사건 받아서 열심히 노력해 승소하고, 일 잘한다고 소문나서 사건 더 많이 들어오고, 그래서 더 신나게 일하는 변호사. 환상적이다.

그렇지만 혼자 이 모든 일을 다 하기는 어렵다. 변호사 여럿이 뭉쳐 힘을 모아야 한다. 그래서 조직을 만들고 제대로 경영해야 한다. 다행인지 불행인지 이미 한참 전 경영자로서의 정체성을 갖게 된 것 같다. 앞으로도 더욱 열심히 경영해서 이 조직을 유지하고 더 많은 의뢰인과 만나고 싶다.

좋은 변호사
찾는 방법

변호사로 신나게 일하려면 경영 능력이 중요하다. 경영에는 조직 관리, 인사 관리도 포함된다. 변호사 채용도 중요한 경영 활동이다. 어떤 변호사가 들어오는지에 따라 회사 분위기가 달라진다. 그래서 채용 면접도 중요하고, 새로 채용한 변호사 교육도 중요하다. 로펌에는 언제나 일 잘하는 변호사가 필요하다.

어떤 변호사가 일 잘하는 변호사일까? 일의 대부분이 재판과 재판 준비이므로 결국 재판 잘하는 변호사를 뽑아야 한다. 하지만 쉬운 일이 아니다. 실제로 함께 일해 보기 전에는 정확히 파악하기 어렵기 때문이다. 면접장에서는 괜찮아 보였지만 실제로는 영 아닌 경우도 있고, 반대로 별 기대 하지 않았음에도 나중에 큰 역할을 해내는 변호사도 있다. 그걸 잘 가려내는 능력이 필요하다. 하지만 쉽

아비정전

지 않은 일이다. 수십 년 동안 쉼 없이 인재를 채용해 온 거대 기업도 자주 실수한다. 왜 그럴까? 면접장은 합법적으로 서로 속고 속이는 곳이기 때문이다. 오죽하면 관상가까지 면접관으로 앉혀둘까.

최대한 노력해서 재판 잘할 변호사를 뽑아야 한다. 우선 몇 년 동안 다른 곳에서 변호사 활동해 본 사람이라면 일단 더 기대하게 된다. 처음 변호사 일 시작하는 사람에 비해 급여 수준도 훨씬 높다. 하지만 변호사 자격만 가지고 있을 뿐 실제 재판 업무는 별로 해보지 못한 변호사도 있다.

또는 보험이나 이혼 소송 등 한정된 경험만 가지고 있기도 하다. 박리다매 로펌에서 '설거지'하는 일이다. 해보지 못한 영역이 많아서 당장 활용하기 어렵다. 우리 회사에 필요한 사람이 아니다. 구직자의 포장에 속지 말고 잘 가려내야 한다.

간혹 다른 사람의 추천을 받기도 한다. 하지만 추천이 늘 도움 되는 건 아니다. 오히려 판단을 흐리게 만들기도 한다. 따라서 왜 그 사람을 추천했는지 이유를 잘 따져봐야 한다. 사람은 생각보다 남일에 관심 없다. 그냥 별 생각없이 추천하는 경우도 많다. 결국, 그동안의 경험을 총동원해서 재빠르게 좋은 변호사인지 아닌지 가려내야 한다. 어떤 요소가 중요한지 하나씩 살펴보자.

우선 천재성. 필요 없다. 전혀 필요 없다. 오히려 방해만 된다. 번득이는 창의력 역시 마찬가지. 없어도 된다. 의외라고 느낄 수도 있겠다. 하지만 다른 누군가 생각하지 못한 독창적 해법은 법정에서 인정받기 어렵다. 따라서 천재성, 창의력은 필요 없다. 정확히 말하면 최우선 순위가 아니다. 그럼 가장 필요한 건 뭘까.

단연 성실성이다. 변호사의 평소 업무는 사실 그렇게 어렵지 않다. 다만 힘들고 지겹고 괴로울 뿐이다. 지식과 정보는 기본으로 갖춰야 하지만, 그 외에도 꼼꼼히 확인하고 챙겨야 하는 일이 아주 많다. 그래서 어렵다. 성실한 사람만이 좋은 변호사가 될 수 있다. 체력 좋고 아픈 곳이 없어야 성실할 수 있다.

정신력도 뛰어나야 한다. 여기서 정신력이란, "절대로 업무 실수로 욕먹지 않겠다."는 강한 자존심을 의미한다. 누구보다 이 일을 잘 해내겠다는 욕심이다. 패배하지 않겠다는 오기와 독기를 품어야 한다. 그래야 성실해질 수 있다. 성실한 사람이 고객 관계도 잘 유지한다. 어느 업종이든 돈 쓰는 소비자의 평가가 가장 정확하다.

성실성은 꼼꼼함으로 연결된다. 이게 가장 중요한 요소다. 두꺼운 기록 뭉치를 보고 또 봐야 한다. 자료를 찾고, 찾고 또 찾아야 한다. 혹시라도 틀린 부분은 없는지 끝까지 확인해야 한다. 사실 변호사 업무에서 '끝까지'라는 표현은 위험하다. '끝'이란 건 존재할 수 없다. 불가피하고 부득이한 '타협'이 있을 뿐이다. 그렇다면 그 타협의 지점은 어디인가. 어디여야 하는가.

직원들에게 자주 하는 말이 있다. 정말 이 정도면 누구보다 더 노력했고 최선을 다했다는 생각이 들고 한 번 더 하면 토하거나 쓰러

질 것 같을 때. 그때부터 딱 두 번만 더 하라고. 일하다 구토하고 졸도해서 변호사 그만뒀다는 사람은 아직 못 봤다. 그런 사람은 안 뽑는다. 실수로 채용해도 최대한 빨리 정리한다. 꼼꼼하지 않은 변호사는 변호사가 아니다. 당장 그만두고 다른 일 찾아야 한다. 그게 서로에게 이익이다.

그리고 업무 센스. 뺀질뺀질 잔머리를 말하는 게 아니다. '일머리'다. 우직함을 기본으로 하고 여기에 업무 센스가 윤활유처럼 더해져야 한다. 융통성이라고 이해해도 좋다. 사실 이게 가장 갖추기 어려운 요소다. 이거야말로 타고나야 한다. 없던 일머리가 갑자기 생기지 않는다. 늘지도 않는다. 일머리 없으면 정말 어렵다. 주변에 민폐만 끼친다. 서로 힘들어진다. 그래서 변호사는 성실성과 일머리를 갖춰야 한다. 그런 변호사를 영입해야 한다.

너무 냉정해 보일 수도 있겠다. 정 없다는 평가도 피하기 어려울 거다. 인정한다. 지금까지 한 이야기는 채용 경험을 통해 얻은 교훈인 동시에 스스로에 대한 반성이다. 다짐이기도 하다. 내가 먼저 저 요건을 갖춰야 직원에게도 요구할 수 있지 않겠는가. 앞으로도 계속 꼼꼼하고 융통성 있는 변호사와 팀을 이뤄 함께 일할 것이다. 내가 시간이 부족해 모든 일을 꼼꼼히 처리하기 힘들다면 체력과 의욕 넘치는 변호사와 함께해야 한다. 욕심 부리면 안 된다. 일도 나누고 성과도 나눠야 한다. 물론 합리적 기준은 필요하다.

한편, 내가 업무 파트너를 선택하는 기준과 의뢰인이 좋은 변호사 고르는 기준은 크게 다르지 않다. 꽤 많은 사람들이 평생 경찰서 한 번 가지 않는다. 검찰청은 더 말할 것도 없다. 오죽하면 검사나 검찰 수사관 사칭하는 보이스피싱이 기승일까. 법원에 가는 일 역시 여간해선 생기지 않는다. 평범한 사람에게 법적 다툼, 그중에서도 실제 법정 공방은 흔치 않은 일이다.

하지만 누군가는 생각지도 못했던 송사에 휘말린다. 본인 잘못일 수도 있고 억울한 상황일 수도 있다. 이유와 관계없이 인생 최대의 당황스러운 상황이다. 변호사의 도움이 필요하다. 배고파서 식당에 가고, 감기 걸리면 병원에 가고, 집에 빨리 가려고 택시 타는 것과 다르지 않다. 이렇게 변호사의 법률 서비스를 돈 주고 사는 고객이 된다.

그럼 3만 명의 변호사 중 누구에게 사건을 맡겨야 하나. 중요한 선택의 순간이다. 하나씩 따져보자. 풍부한 경험과 지식은 기본 조건이니 굳이 말할 필요도 없다. 일단 회사나 가정에 안 좋은 일이 있는 변호사는 제외해야 한다. 일에 전념하기 어렵다. 사업에 뛰어들었다가 빚에 허덕여서 예전 의뢰인의 돈을 횡령한 변호사도 여럿 있다.

추적을 피해 요리조리 도망 다니면서도 수완 좋게 변호사 일 계속하는 사람도 있다. 놀라운 재주다. 그런 상황을 견뎌내는 평정심이 대단하다. 하지만 그런 사람은 누굴 도와줄 게 아니라 당장 다른 변호사의 도움을 받아야 한다. 그 사람 지금은 교도소에 있다. 다행이다. 되도록 늦게 출소하면 좋겠다.

간혹 내가 지급한 착수금이 곧바로 그 변호사의 예전 의뢰인에게 합의금으로 전달될 때도 있다. 돈은 돈대로 쓰고 사건은 망한다. 인간은 재물에 취약하다. 변호사도 마찬가지다. 오히려 더 취약하다. 그런 변호사 믿고 사건 맡기면 큰일 난다. 후회해도 소용없다. 반드시 피해야 한다. 하지만 의뢰인이 그런 사정을 눈치 채기는 쉽지 않다. 특히 누군가로부터 잘못된 추천을 받은 경우는 더욱더 그렇다. 그래서 주변 평판이나 이미지도 고려 사항이 될 수밖에 없다. 내 인생을 좌우할 선택이므로 신중해야 한다.

그러니 '내 사건에 특별히 신경 많이 써줄 수 있는 변호사'를 찾아가라. 하지만 아주 큰 비용을 지급했거나 가족이나 친구 등 특별한 관계가 아니라면 역설적인 상황에 놓인다. 내 사건에 특별히 시간을 많이 투입하려면 변호사에게 그럴만한 시간 여유가 있어야 한다. 모든 사람에겐 똑같은 하루 24시간이 주어지니까. 그런데 어떤 한 사건에 많은 시간을 할애할 수 있다면, 그건 대체로 한가한 변호사일 것이다.

그렇다면 그 변호사가 한가한 이유는 뭘까. 건강 문제 등으로 일을 가려 받는 사람도 없지는 않을 것이다. 육아 또는 부업으로 시간이 부족할 수도 있다. 또는 물려받거나 물려받을 재산이 많아서 굳이 변호사 일 열심히 하지 않아도 되는 축복받은 사람도 있다. 하지만 대부분은 일이 들어오지 않아서 한가하다. 치열한 경쟁 시장에서 좋은 평가를 받지 못해 의뢰인으로부터 외면 받은 거다. 자발적 한가함이 아니라 원치 않는 시간 여유다.

반대 경우도 살펴보자. 일 잘하고 의뢰인과 유대 관계 잘 쌓아서 평판 좋은 변호사도 많다. 일을 잘한다는 건 결국 소송에서 이긴다는 말이다. 이기는 게 최고다. 변호사는 일단 이겨야 다음 기회를 계속 얻을 수 있다. 일 잘하는 사람은 반드시 소문난다. 예전 고객이 주변에 추천한다. 그만큼 좋은 홍보가 없다.

온라인 쇼핑몰 구매 후기와 다를 게 없다. 써본 사람이 실명으로 추천하면 일단 끌린다. 그렇게 새로운 사건이 또 들어온다. 그래서 바빠진다. 일할 시간이 부족해진다. 실력 좋은 변호사는 한가할 틈이 없다. 견디다 못하면 팔, 다리 또는 머리가 되어줄 변호사를 보충하면 된다. 하지만 금방 다시 바빠지기 마련이다. 새로운 사건이 계속 또 들어오니까.

이제 결론이다. 일 잘한다고 소문나고 사건 의뢰 많아서 늘 바쁘지만 그래도 내 사건에 특별히 더 신경 써 줄 똑똑한 변호사에게 일 맡겨라. 그런 사람이 어디 있느냐고? 잘 찾아보면 그리 멀지 않은 곳에 있다.

아비정전

"변호사님만 믿습니다. 진실이 승리하잖아요." 다른 버전도 있다.
"변호사님, 정의가 반드시 이길 겁니다." 그런데, 아니. 잠깐. 일단 우
리가 정의 쪽에 서 있는지부터 알쏭달쏭한 사건이 적지 않다. 하지
만 그 이야기는 뒤로 미루자. 다시 돌아와서, 진실하고 정의롭고 한
점 부끄럼 없다면 당당할 수 있다. 누구 앞에서든 움츠러들지 않는
다. 그리고 언젠가는 인정받는다. 그게 누군가 죽은 다음일지라도.

하지만 재판은 다르다. 정의가 패소할 수 있다. 불의가 이기는 재
판도 있다. 얼마든지 진실이 거짓에 패배할 수 있다. 재판이란 무엇
인가. 도대체 재판이 무엇이기에 이런 일이 생기는 걸까.

표준국어대사전은 재판을 이렇게 정의하고 있다.

재판(裁判) | 명사

---

1 옳고 그름을 따져 판단함

2 (법률) 구체적인 소송 사건을 해결하기 위하여 법원 또는 법관이 공권적 판단을 내리는 일 또는 그 판단

살다 보면 사람 사이에 분쟁이 생긴다. 원만히 해결되지 않으면 법원으로 간다. 법원에는 판사가 있다. 재판을 연다. 결론이 나온다. 모두가 따른다. 따르지 않으면 국가가 강제력을 발휘한다. 자연스럽다. 당연해 보인다.

하지만 정말 그럴까. 그렇지 않다. 재판은 어디까지나 인간이 만들어낸 제도이자 절차이다. 인간은 불완전하다. 언제든 잘못 판단할 수 있다. 그러한 인간의 한계로 인한 문제를 최소화하기 위해 고안해낸 불가피한 제도이자 절차가 바로 재판이다.

만약 신이 존재한다면 어떨까. 굳이 인간이 재판을 열 필요 없을 거다. 신이 진실을 밝혀주니까. 하지만 현실은 그렇지 않다. 이건 신의 존재 여부와 별개의 문제다. 신이 존재하더라도 대리인을 통하지 않고 직접 세상사에 관여해서 승무패 가려주는 건 상상하기 어렵기 때문이다. 따라서 결국 사람이 사람 일을 판단하게 된다. 이렇

게 누군가는 '심판'이 된다.

그동안 역사 속에서 다양한 사람들이 '심판' 역할을 해왔다. 아주 예전에는 물리적인 힘이 센 사람이 모든 걸 결정했을 것이다. 하지만 그건 완력에 의한 해결이다. 심판이 아니다. 그럼 어느 정도 체계가 잡힌 후에는 어땠을까. 무리에서 가장 현명한 사람의 판단에 따랐을 거다. 원로라 부르는 나이 많은 사람이었을 것이다. 문자를 통한 지식 전수가 불가능한 시절이니, 오래 살면서 많은 일을 보고 듣고 겪은 사람이 가장 바른 판단을 내릴 가능성이 컸을 거다. 나름 합리적이다. 이후 집단의 규모가 커지고 사회가 복잡해지면서 부족장, 왕, 영주, 수령, 원님, 사또, 종교 지도자 등등 다양한 사람들이 심판자 노릇을 했다.

하지만 문제가 있다. 이들의 판단은 객관성과 신뢰성을 장담할 수 없다. 중대한 결함이다. 그래서 불합리한 결론이 자주 나온다. 힘약한 사람이 손해 본다. 억울한 사람이 쌓여간다. 마침 왕의 힘이 약해지고 새로운 세력이 떠올랐다.

그러자 사람들은 머리를 맞대고 심판 문제를 어떻게 해결할지 논의하기 시작했다. 그 결과 도입된 게 바로 '직업 법관'이다. 재판을 직업으로 삼는 자를 만들어서 그들의 판단을 받자는 거다. 이제 법관은 하나의 직업이다. 판결은 노동이다. 이렇게 새로운 유형의 심판이 등장했다. 근대적 재판 제도의 시작이다.

그러나 이렇게 탄생한 새로운 심판 역시 인간이다. 직업 법관이 내리는 결론도 인간의 판단이다. 사람이 하는 일이니 근본적 한계가 있다. 아무리 재판 제도를 가다듬어도 완벽할 수 없다. 편향, 오판, 부패, 외압 가능성이 있다. 우리와 같은 인간인 법관의 지각 능력과 판단력은 결코 완벽하지 않다. 그렇다면 도대체 이런 제도의 가치는 어디에 있는 걸까.

사람들이 '합의'했다는 사실이 핵심이다. 일단 재판의 절차와 기준을 만들고 시행한다. 그걸 통해 얻은 결론을 올바른 판단이라고 믿는다. 더 정확히는 그렇게 믿기로 '합의'한다. 이렇게 재판은 합의의 영역에 위치한다. 진리가 아니다. 무결점, 무오류의 결론이 아니다. 완벽할 수 없다. 얼마든지 잘못된 결론이 나올 수 있다. 오판 사례는 지금도 계속 쌓이고 있다.

사례 1 : 이춘재 연쇄 살인 사건

아직 '화성 연쇄 살인 사건'으로 더 익숙한 '이춘재 사건'에도 오심이 있었다. 이른바 8차 사건의 윤성여 씨. 20년간 억울하게 옥살이 했다. 강압 수사에 허위로 자백했다고 호소했지만 아무 소용없었다. 무기징역이 확정됐고, 복역하다 2009년에서야 가석방됐다. 이후 기적적으로 이춘재가 진범임이 드러나지 않았다면 평생 억울함이 풀리지 않았을 것이다. 과학수사 성공 사례로 영원히 남았을 것이다.

다행히 늦게나마 경찰의 가혹 행위가 드러났다. 국과수 감정서 조작 사실까지 확인됐다. 재심을 통해 무죄 판결을 받았다. 검찰과 경찰이 고개 숙여 사과했다. 강압 수사도 문제지만 그걸 전혀 걸러내지 못한 법원의 책임도 크다. 재판을 세 번이나 했음에도 진실을 찾지 못했다. 당시 판결문을 살펴보면 곳곳에 허점이 보인다. 그때는 그런 부분이 전혀 보이지 않았을까. 의심할 만한 여지조차 없었을까. 재판은 원래 다 그런 건가.

사례 2 : 춘천 파출소장 딸 강간살인 사건

영화 〈7번 방의 선물〉. 2013년 개봉해 1,200만 명 넘는 관객을 모은 흥행작이다. 배우 류승룡이 연기한 용구가 약간 모자란 모습으로 딸 예승이를 부르는 장면은 지금도 생생하다. 이 영화는 실제 사건에 기초한다. 1972년 '춘천 역전파출소장 딸 강간살인 사건'이다. 파출소장의 10살짜리 딸이 근처 만화방에 TV 보러 간다며 저녁 무렵 집을 나선 후 돌아오지 않았다. 밤새 찾아 헤맸지만, 다음 날 아침 인근 논둑에서 사체로 발견됐다.

어린 소녀의 참혹한 죽음에 많은 사람이 충격을 받았다. 대통령이 직접 조속한 해결을 지시했다. 마포구 와우아파트 붕괴 참사로 서울시장에서 물러났다 돌아온 지 얼마 안 된 내무부장관 김현옥은 별명인 '불도저'처럼 경찰을 몰아붙였다. 10일 안에 범인을 못 잡으면 가만두지 않겠다며 이례적인 시한부 검거령까지 내렸다.

경찰은 검거 시한 넘기기 직전 극적으로 범인을 잡았다. 당시 36살이었던 만화방 주인 정원섭. 경찰과 검사 앞에서 강간과 살인을 자백했다. 하지만 재판 과정에서 번복했다. 고문에 의한 허위 자백이었다고 호소했으나 소용없었다. 무기징역이 확정됐다. 자살까지 생각했지만 이후 가까스로 마음을 잡고 모범적인 수형 생활을 했다. 징역 15년으로 감형돼 1987년 출소했다. 우리나라 역대 무기수 가운데 가장 빨리 출소한 사례이다.

출소한 정 씨가 재심을 청구했지만 번번이 기각됐다. 거의 포기 상태에 이르렀던 2005년 진실·화해를 위한 과거사 정리 위원회가 사건을 자세히 재조사했다. 정 씨가 진범이 아니라고 보고 법원에 재심을 권고했다. 이번에는 법원이 받아들였다. 그리고 2008년 11월 춘천지방법원에서 열린 재심. 무죄 판결이 선고됐다. 36년 만이었다.

이 사건은 너무나 황당하다. 고문, 폭행, 욕설, 여관방 불법 감금 등 가혹 행위가 벌어졌다. 연필 등 증거물 조작, 증인 협박, 위증 처벌 협박 등 믿기 힘든 수단이 줄줄이 동원됐다. 그렇게 억울한 가짜 범인이 만들어졌다. 정 씨를 흠 없는 사람이라고 하기는 어렵다. 선량한 사람이라고 말할 수도 없다. 여기 공개할 수 없는 여러 이야기가 있다. 하지만 살인범이 아닌데도 누명 쓰고 억울하게 15년이나 갇혀 있었다.

당시 재판은 어땠을까. 판결문을 입수해 분석했다. 이럴 수가. 너무 짧았다. 아무리 옛날 사건이라 해도 너무 짧았다. 이미 진범이라고 믿은 상태에서 형식적으로 재판 진행한 건 아닌지 의심된다. 1심에서 끝난 것도 아니다. 대법원까지 총 세 번의 재판을 다 거쳤다. 심지어 법원은 재심 청구도 여러 차례 기각했다. 허술한 판결문을 보며 공포심을 느꼈다. 논리적으로 앞뒤가 맞지 않는 증언과 조작된 증거물로 이런 판결을 내리다니. 재판이란 원래 이런 것인가.

이후 벌어진 일도 엄청나다. 재심에서 무죄 판결 선고됐지만, 검사가 연이어 불복해 대법원까지 올라갔다. 대법원은 2년 넘게 결론을 내리지 않았고, 2011년 10월이 되어서야 무죄 판결이 최종 확정됐다. 이후 국가를 상대로 손해배상 청구했고, 2013년 1심에서 26억여 원 배상 판결을 받았다. 그런데 다음 해 2심에서 1심 판결이 뒤집히고 정 씨가 패소했다. 손해배상 채권 소멸시효 기간을 열흘 넘겼다는 이유였다.

다른 사건에서 나온 대법원판결을 따른 것이었다. 즉 재심에서 무죄 판결을 받은 과거사 피해자들의 손해배상 청구 소송에서, 그동안 민법에 따라 3년으로 보던 소멸시효 기간을 형사보상 결정 확정일로부터 6개월로 봐야 한다면서 그동안의 판례를 변경했다. 이 대법원판결로 인해 1심에서 문제 되지 않던 소멸시효가 2심에서 갑자기 문제 됐고, 결국 손해배상을 받지 못하게 됐다. 기구하다는 말로도 제대로 표현이 안된다.

그리고 2021년 3월. 정원섭 씨는 세상을 떠났다.

사례 3 : 김순경 사건

1992년 봉천동 김 순경 애인 살인 사건. 앞서 살펴본 사건보다 더 충격적이다. 1, 2심 모두 유죄로 판단했다. 충분히 그렇게 볼만했다. 재판 과정에서 번복됐지만, 수사 단계에서 이미 자백도 했다. 그렇게 대법원판결만 남겨두고 있었다. 이대로 유죄 확정될 게 확실한 상황이었다. 그런데 엄청난 일이 벌어졌다. 갑작스레 진범이 나타난 것이다.

경찰이 진범을 찾아내서 잡은 게 아니다. 말 그대로 우연히 벌어진 일이다. 1993년 말 연말연시 불심검문 중 19세 청년이 연행됐는데, 죄책감을 이기지 못하고 자신이 그 살인 사건 진범이라고 실토했다. 만약 그날 불심검문이 없었다면 어떻게 됐을까. 연행된 청년이 스스로 진실을 밝히지 않았다면 어떻게 됐을까. 김 순경은 영원히 살인자 낙인을 피하지 못했을 것이다.

판결문을 모두 구해 꼼꼼히 검토했다. 충격적이었다. 우연히 진범이 드러나고 얼마 후 대법원판결이 나왔다. 결론은 1, 2심과 정반대였다. 사실 그 판결문은 진범의 존재가 드러난 후, 즉 김 순경이 살인범이 아님이 알려진 후 작성됐다. 당연히 판결문의 모든 문장과 단어에 힘이 넘쳤다. 탄탄한 논리에 기초해서 원심 판결을 조목조목 비판했다.

하지만 궁금하다. 만약 진범이 드러나지 않았어도 그런 대법원판결이 나왔을까. 장담할 수 없다. 당시 대법관들만 알 수 있는 일이다. 법을 다루는 모든 사람은 이 사건을 반드시 기억해야 한다. 이 세상에 당연한 일, 뻔한 일, 누가 봐도 확실한 일은 존재하지 않는다. 늘 의심해야 한다. 모든 법조인에게 해당하는 말이지만, 판사에게는 더욱 그러하다. 눈에 보이는 걸 그대로 믿으면 안 된다. 너무 명확해 보이면 오히려 한 번 더 되돌아봐야 한다. 하지만 이 사건에서 법원은 그렇게 하지 않았다. 큰 실수를 범했다. 재판이란 원래 그런 것인가.

이런 일이 또 생기지 말란 법 없다. 누구든 피해자가 될 수 있다. 대안이 있을까? 과학 기술로 신에 버금가는 진실 탐지기를 만들면 해결될까? 그렇지 않다. 신에 버금가는 정도로는 부족하다. 신과 같은 수준이 아니라면 오류 가능성은 존재하기 때문이다. 그리고 대체 누가 그 기술의 정확성을 검증하고 확인할 수 있겠는가. 아무리 잘 만들어도 오작동 가능성까지 완전히 배제할 수는 없다. 불가능한 일이다. 결국, 사람이 사람의 능력으로 사람의 일을 판단하고 평가할 수밖에 없다. 따라서 지금의 재판 제도가 가장 분란 가능성 작은 방식이다. 적어도 현재까지는.

그럼 앞으로 사회가 급격히 변하면 어떨까. 과학기술이 고도로 발전하고 인간에 대한 신뢰가 완전히 허물어진다면 어떻게 될까. 지금도 가끔씩 이야기 나오는 AI 판사가 더 신뢰를 얻는다면, SF 영화에 나오는 상상이 현실이 될 수도 있다. 언제가 될지 모르지만 앞으로 혁명적 변화가 생길지도 모른다. 모든 인간이 머리를 맞대고 지금의 재판 제도와는 다른 형태의 새로운 타협에 이를 수도 있다.

뇌 스캔 기계를 통해 진술의 참 거짓을 자동으로 가려내는 한 SF 소설이 떠오른다. 인상적인 드라마 〈블랙 미러Black Mirror〉 시즌 4 '악어Crocodile' 편에도 기억을 검출하는 기계 리콜러Recaller가 등장한다. 기계에 연결만 되면 인간은 자신의 모든 기억을 탈탈 털린다. 이미 망각한 기억까지 싹 다 뽑아간다. 증언을 얻기 위해 재판 절차를 거칠 필요도 없다. 무엇보다 위증 우려가 없다. 환상적인 정확성에 환호해야 할지, 비인간성에 분노해야 할지 잘 모르겠다. 실제 그런 세상이 올 가능성이 없지 않다. 어차피 재판이란, 인간이 만들어낸 제도에 불과하니까.

하는 일이
이렇다 보니

'나'라는 사람이 대체 어떤 존재인지 알아보다 여기까지 왔다. 일단 그걸 확인해야 인생 방향을 제대로 잡을 수 있다. 그런데 일과 직업을 떠나서는 지금의 '나'를 제대로 파악할 수 없다. 일상의 대부분을 일과 함께 보내기 때문이다. 그러니 직업적 특성이 나의 일상에 강한 영향을 미칠 수밖에 없다.

한편 내 업무의 대부분은 재판 준비와 재판이다. 이제 드디어 방향이 잡힌다. 내가 '재판'을 어떻게 바라보는지, '재판'은 나에게 어떤 영향을 주었는지 살펴보면, 현재의 '나'를 가장 잘 파악할 수 있다.

그래서 계속해서 재판에 대한 생각을 털어놓고 있다. 무엇보다, 재판을 거쳐도 진실이 드러나지 않을 수 있음을 잊지 않아야 한다. 법관이 최선을 다해 노력해도 오판 가능성은 사라지지 않는다. 간혹 누군가 일부러 결과를 왜곡할 때도 있다. 재판에 엮인 사람은 죄의식 없이 서로 속고 속인다. 물론 법정 안의 사람은 대부분 점잖게 행동한다. 적어도 점잖아 보인다. 하지만 그 속은 욕망으로 가득하다. 그래서 보이는 대로 믿으면 안 된다. 의심하지 않으면 속는다. 방심하면 손해 본다. 내가 손해 보지 않으려면 상대방을 억울하게 만들어야 한다. 까딱하면 누구든 한순간에 억울한 상황에 빠질 수 있다.

이게 내가 생각하는 재판이다. 세상을 바라보는 나의 시각이기도 하다. 경험이 반영되었을 거다. 어지간한 일은 금방 잊는 탓에 예전의 내가 어땠는지 나도 잘 모르겠다. 기억이 나지 않는다. 하지만 일단 지금 나는 이런 사람인 것 같다. 이 직업, 이 일이 지금의 나를 만들었다. 바꿔놓았다.

이야기 나온 김에 조금 더 들어가 보자. 재판에는 심급審級이라는 게 있다. 같은 사건을 단계가 다른 법원이 여러 번 판단할 수 있다. 1심, 2심, 3심 거치며 위로 올라간다. 인간의 판단력은 완벽하지 않으므로 재판을 여러 번 해서라도 오류를 줄이려는 시도다. 공정성을 위한 노력이다. 그렇다 보니 각 심급의 판단이 일치하지 않는 경우가 존재한다. 어찌 보면 역설적으로 그런 사건이 심급 제도의 필요성을 보여준다고 할 수 있다.

심급마다 판결이 엇갈리면서 세상을 놀라게 한 사건이 있다. 1995년 치과의사 모녀 살인 사건, 2010년 인천 산낙지 사망 사건,

2011년 마포구 만삭 의사 아내 살인 사건, 2014년 캄보디아 아내 교통사고 사건, 2001년 속초 한화 콘도 살인 누명 사건 그리고 가장 최근인 2018년 벌어진 여수 선착장 아내 추락 사건까지. 어렵지 않게 여러 사건이 떠오른다. 모두 언론에 크게 보도되었고, 많은 사람이 경악한 사건이다.

사형이 무죄로 바뀌고 무죄가 사형이 된다. 잔혹한 범죄자와 억울한 사법 피해자 사이를 오간다. 1심 판결에선 처자식을 몰살한 잔혹한 살인마였는데, 몇 달 후 2심에서는 누군가에 의해 온 가족을 잃은 세상에서 가장 불쌍한 피해자가 된다. 극과 극을 오간다. 한 사람의 인생이 달라진다.

물론 법적 판단과 사회적 평가는 다를 수 있다. 무죄 판결이 확정됐음에도 세상 사람들이 여전히 의심하는 사건도 있다. 내가 그 당사자라면 온전한 정신으로 살지 못할 것 같다. 반대로 법원이 유죄로 결론 내렸음에도 많은 사람이 누명으로 믿는 사건도 있다. 2015년 상주 농약 사이다 할머니 사건이 떠오른다. 물론 나는 유죄 판결이 옳다고 생각한다.

이 사건들의 진실은 뭘까. 도대체 법원 판결은 왜 그렇게 오락가락했나. 재판을 열어 얻은 최종 결론은 오류 가능성 없는 진실일까. 나 역시 궁금하다. 그래서 굵직한 사건 관련 자료를 모아 해설 영상으로 만들어서 소개하고 있다. 재판의 배경과 결과를 전달하는 작업이다. 법원 판결문만 자료로 삼는다. 국가가 인정한 객관적 사실 관계부터 확인한다. 그걸 배경으로 법원의 유무죄 판단 논리와 근거를 살펴본다. 사건을 이해하려면 법원이 왜 그런 판단을 내렸는지 구체적 배경을 알아야 하기 때문이다.

하지만 포털 기사 제목 한 줄로 모든 걸 판단해버리는 사람이 너무 많다. 사건의 일부분만 다룬 기사를, 그것도 제목만 쓱 보거나 겨우 맨 처음 몇 줄 훑어보는 정도다. 제대로 알아볼 능력이 없다. 그러면서 자신이 전지전능한 판단자인 것처럼 무책임하게 결론 내린다. 그 결론으로 누군가를 비난한다. 댓글로 무책임하게 난도질한다. 대상은 주로 법원이다. 가끔 변호사도 욕먹는다. 피고인보다 더 욕먹을 때도 있다. 누가 봐도 그 사람이 범인인데 판사가 풀어줬다는 거다.

돈 먹었다, 전관예우다, 대법원장이 문제다, 이래서 AI 판사가 필요하다는 이야기가 뒤따른다. 두렵다. 그 비난과 능욕이 다음번에는 나를 향할 수 있다. 상식과 양식 없는 광기가 누군가를 죽음으로 내몰 수 있다. 제대로 따져볼 두뇌 공간과 마음의 여유가 필요하다.

왜 이런 일이 생기는지 알아보기에 앞서, 우선 유죄有罪와 무죄無罪의 의미부터 정확히 확인해야 한다. 검사는 피고인을 처벌해달라면서 법원에 공소 제기한다. 법원은 검사의 주장이 타당한지 아닌지 따져 본다. 이때 아주 중요한 기준이 있다. 유무죄를 가르는 기준이다. "법관이 합리적인 의심을 할 여지가 없을 정도로 유죄를 확신하는가." 그 유명한 '합리적 의심'이다. 이게 재판 받는 사람을 죽일 수도 있고 살릴 수도 있다.

　다만 모든 종류의 의심이 아닌 '합리적' 의심이 유무죄의 기준이다. 그럼 '합리적' 의심이란 도대체 무엇인가. 만약 유죄인지 무죄인지 애매하다면, 합리적 의심이 배제되지 않는다. 따라서 무죄다. 유죄인 것 같긴 한데 무죄일 가능성도 조금 있는 것 같다면? 마찬가지다. 이 경우 역시 합리적 의심을 배제할 수 없다. 따라서 무죄다. 대법원 판례를 풀어 설명하면 이렇다.

　　형사재판에서 범죄사실의 인정은 법관으로 하여금 합리적인 의심을 할 여지가 없을 정도의 확신을 가지게 하는 증명력을 가진 엄격한 증거에 의하여야 한다. 검사의 증명이 그만한 확신을 가지게 하는 정도에 이르지 못한 경우에는 설령 피고인의 주장이나 변명이 모순되거나 석연치 않은 면이 있어 유죄의 의심이 가는 등의 사정이 있더라도 피고인의 이익으로 판단하여야 한다.
　　한편 살인죄와 같이 법정형이 무거운 범죄의 경우에도 직접증거 없이 간접증거만으로도 유죄를 인정할 수 있다. 다만 그 경우에도 주요사실의 전제가 되는 간접사실의 인정은 합리적 의심을 허용하지 않을 정도의 증명이 있어야 하고, 그 하나하나의 간접사실이 상호 모순, 저촉이 없어야 함은 물론 논리와 경험칙, 과학 법칙에 의하여 뒷받침되어야 한다. 그러므로 유죄의 인정은 범행 동기, 범행수단의 선택, 범행에 이르는 과정, 범행 전후 피고인의 태도 등 여러 간접사실로 보아 피고인이 범행한 것으로 보기에 충분할 만큼 압도적으로 우월한 증명이 있어야 한다.

만약 피고인이 고의적으로 범행한 것이라고 보기에 의심스러운 사정이 병존하고 증거관계 및 경험법칙상 고의적 범행이 아닐 여지를 확실하게 배제할 수 없다면 유죄로 인정할 수 없다. 피고인은 무죄로 추정된다는 것이 헌법상의 원칙이다. 직접증거가 존재할 경우에 버금가는 정도가 되어야 그러한 추정을 번복할 수 있다.

합리적 의심의 여지가 없을 정도로 유죄를 확신해야만 유죄 판결이 나올 수 있다. 그럼 합리적 의심이 존재하는지 아니면 그럴 여지조차 없는지는 누가 판단하나? 당연히 법관이다. 우리는 그 중요한 판단을 할 권한과 의무를 법관에게 부여했다. 그렇게 하기로 우리 모두가 합의했고, 그 합의 내용을 헌법과 법률에 박아 넣었다. 다른 사람이 그 엄청난 권한을 마음대로 가져가서 행사하지 못하도록 막아 놓았다.

지금까지 유죄를 살펴봤고, 이제 무죄가 남아있다. 한자로 없을 무無에 허물 죄罪. 즉, 죄가 없다는 뜻이다. 이게 정확한 해석인가? 그렇지 않다. '무죄'라는 용어 자체가 혼란의 원인이 되고 있다. 우리 법상 무죄는 피고인의 무고함에 관한 확인이 아니다.

그럼 대체 무죄는 뭘 의미하지? 간단하다. 유죄 판결이 선고되지 않으면 무죄다. 우리 법상 무죄 판결은 피고인의 'innocent'에 대한 확인이 아니다. 즉 피고인이 살인을, 강간을, 절도를, 사기를, 횡령을 하지 않았음을 확인해주는 것이 아니다. 'not guilty' 선언에 그친다. 그저 피고인이 유죄가 아니라는 의미다.

물론 범죄 행위를 하지 않았음이 명확히 드러나면 당연히 무죄다. 하지만 그런 수준에 이르지 않더라도 무죄 판결을 받을 수 있다. 애매한 경우, 증거가 부족한 경우, 하지 않았을 가능성이 조금이나마 있어서 법관이 유죄의 확신을 가지지 못한 경우에 법원은 모두 무죄를 선고해야 한다. 'guilty or not guilty'라는 영어 표현이 더 적확하다.

법원행정처가 펴낸 2020년 사법연감에 따르면, 1심 형사사건 무죄율은 겨우 3%다. 계산 방식에 따라 달라지지만, 1% 미만이라는 자료도 있다. 그래서 변호사로서 무죄 판결을 받아내면 자랑하고 싶어진다. 충분히 자랑할 만한 일이다. 모든 역량을 동원해서 처절하게 싸웠으니 그 3%에 속했을 것이다. 그게 법적 결론이다. 하지만 사회적 관점에서는 정말 내 의뢰인이 결백한지 확신하지 못한 사건도 있다. 여전히 나는 그 사건의 진실을 모른다. 다만 재판에서 이겼을 뿐이다.

구속사건 1심 재판 무죄율은 더 낮다. 겨우 0.6%이다. 거의 안 되는 일을 해낸 거다. 그래서 정신적, 금전적 보상이 뒤따른다. 검사에게는 치명적 패배다. 어떻게든 자랑하고 싶지만, 의뢰인이 동의하지 않아 대부분 아쉽게 접어둔다. 그런데 그런 사건에서마저 의뢰인을 믿지 못할 때가 있다. 과연 의뢰인은 나에게 진실을 말했을까. 나는 옳은 일을 한 걸까. 누군가의 억울함을 벗긴 걸까 아니면 오히려 억울한 사람을 만들어낸 걸까.

모든 걸 의심하게 된다. 누구도 믿으면 안 된다. 우리 편부터 먼저 의심해야 한다. 의뢰인은 나에게도 거짓말을 한다. 부끄러운 일을 모두 털어놓진 않는다. 일부분이라도 감춘다. 그래서 최대한 빨리 많은 이야기를 끌어내야 한다. 그래야 성과를 낼 수 있다. 내가 직접 보고 들은 것도 의심해야 한다. 사람을 믿지 못하게 된다. 사람이 싫어진다.

그래서 ───
─── 승소율이 ───
─── 어떻게 됩니까? ───

재판은 이겨야 한다. 일단 이겨놔야 한다. 그래야 욕 안 먹는다. 안도의 한숨을 쉴 수 있고, 금전적 보상도 뒤따른다. 그뿐만 아니다. 무형의 이익도 크다. 승소한 의뢰인에게는 바로 내가 세계 최고의 변호사다. 자발적으로 나를 홍보해준다. 따로 부탁할 필요도 없다. 가족, 친구, 동창, 직장 동료, 선후배, 이웃, 전철이나 버스에서 우연히 옆에 앉은 사람에게도 나를 홍보해준다. 심지어 어떤 의뢰인이 해외 패키지 관광에서 처음 만난 사람에게 나를 추천했고, 귀국 후 실제로 그 사건을 수임했다. 승소보다 더 효과 좋은 광고는 없다.

변호사만 그런 게 아니다. 배달 음식 시킬 때 평점 조회는 필수다. 영화나 뮤지컬 예매도 마찬가지다. 온라인으로 냉동 돈가스 같은 걸 주문할 때도 구매자 별점을 확인하지 않나. 이미 겪어 본 사람이 추천하면 일단 솔깃해진다. 내가 직접 해보고 만족했다며 강하게 권하면 더 끌릴 수밖에 없다. 이렇게 승소는 또 다른 기회로 연결된다. 그걸 끊임없이 계속 이어나가야 한다. 법무법인 대표의 가장 중요한 임무다. 역시 변호사는 이겨야 한다. 승소해야 한다.

반대로 패소하면 어떻게 될까. 생각만 해도 가슴이 답답해지고 소화가 안 된다. 정신적 압박이 상상 이상이다. 건강에 좋지 않다. 두통은 기본이다. 위장 장애도 심해진다. 없던 비염까지 생긴다. 변호사는 적지 않은 돈을 받고 일한다. 따라서 참가에 의의를 둘 수 없다. 법정은 경험하는 자리가 아니라 능력을 증명하는 자리다. 최선을 다했다는 말은 공허한 변명이다. 아무리 열심히 준비했어도 패소하면 소용없다. 의뢰인 표정이 한순간에 변한다. 그때부턴 변호사가 죄인이다. 소송 상대방보다 더 나쁜 놈이 되어 버린다. 그러니 이겨야 한다.

하지만 늘 이길 수는 없다. 당연한 일이다. 누구든 이길 때도 있고 질 때도 있다. 그래도 여전히 변호사 만나면 '승소율' 따지는 사람들이 있다. 담당한 사건 중에서 몇 건이나 이겼냐는 질문이다. 초면에 미팅을 시작하자마자 대뜸 승소율부터 물어볼 때도 있다. 통계가 의미 있는 스포츠 종목에서는 이런 개념을 쉽게 접할 수 있다. 야구의 타율과 평균자책점, 농구의 3점 슛이나 자유투 성공률 같은 것들이다. 그동안 통계 수치와 거리가 있었던 축구에서조차 요즘 들어 기대득점을 의미하는 xG값^{eXpected Goals}이 자주 이야기되고 있다.

승소율은 영화나 드라마에도 나온다. 한 번도 져본 적 없는 변호사, 그 분야 소송은 무조건 다 이기는 변호사 등등 현실에서는 만날 수 없는 캐릭터들이 있다. 돈은 밝히지만 절대로 지지 않는 괴짜 변호사 코미카도 켄스케가 등장하는 일본 드라마 〈리갈 하이Legal High〉와 이선균이 승소 확률 100% 변호사 변호성을 연기한 〈성난 변호사〉도 인기를 모았다. 더 예전으로 가면 1997년 개봉작 〈박대박〉에서 이정재가 이혼 소송 불패 변호사 박수석을 연기했다. 같은 해 개봉한 〈데블스 에드버킷The Devil's Advocate〉의 케빈 로맥스도 인상적이었다.

그리고 10년 가까이 방송되다 얼마 전 종영한 뉴욕 로펌 배경의 미국 드라마 〈슈츠Suits〉의 하비 스펙터 역시 자잘한 곤경에는 처할지언정 마지막에는 상대방을 제압하고 모든 일을 해결하는 비현실적 슈퍼맨이다. 법정 소설이나 추리 소설 속 주인공으로 등장하는 변호사 중에도 절대로 지지 않는 사람이 많다.

작가 입장은 충분히 이해된다. 언제나 이기는 변호사, 절대로 패배하지 않는 변호사가 등장하면 시청자는 더 흥미를 느끼고 몰입하게 되니까. 하지만 그건 완벽한 허구의 세계다. 현실은 전혀 그렇지 않다. 승소율은 변호사의 능력을 평가할 수 있는 진지한 자료가 아니다. 야구에서도 타율, 홈런 등 고전적 수치로 선수 가치를 제대로 평가할 수 없다 보니 출루율과 장타율을 합한 OPSOn-base Plus Slugging가 나왔고, 언제부턴가 투수도 평균자책점보다 이닝당출루허용률 WHIPWalks plus Hits divided by Innings Pitched를 따진다. 이런 세상인데 아직도 변호사 승소율이라니.

그렇다면 현실 세계에서 승소율이 별다른 의미 없는 이유는 뭘까. 우선 승소율은 공식적인 기록이 아니다. 누가 따로 집계하지도 않는다. 대한변호사협회나 서울지방변호사회 홈페이지에도 그런 정보는 없다. 시민단체가 조사하고 싶어도 전체 데이터에 접근할 방법이 없다. 자극적 광고로 도배하는 플랫폼 업체도 차마 그런 광고는 못 한다. 어떤 변호사가 자기 승소율 높다고 자랑하고 다녀도 검증할 수 없다. 그러니 허풍이 개입될 수밖에 없다.

게다가 하나의 사건에 여러 변호사가 투입되기도 한다. 중요한 사건이라면, 규모가 큰 소송이라면, 승패에 따라 회사의 실적이 좌우된다면, 언론이 주목하는 사건이라면, 유명인이 관여된 사건이라면 더욱 그렇다. 단순히 책임자 한 명과 조수 정도가 아니다. 아예 여럿이 팀을 짜서 역할을 분담한다. 그런데도 소송의 승패 결과를 변호사 한 명에게 오롯이 돌리다니. 합리적이지 않다.

그리고 가장 중요한 이유. 사건의 난이도가 제각각이다. 놀랍게도 세상에는 무조건 승소하는 소송도 있다. 대부업체의 대여금 청구 소송이 여기 해당한다. 대부업체는 돈을 빌려주고 이자를 받는다. 나중에는 원금도 돌려받는다. 하지만 빌린 사람이 이자조차 내지 못하는 경우도 많다. 그러면 대부업체는 어쩔 수 없이 소송으로 가는데, 그것이 그대로 대부업체의 승소로 이어진다.

군이 따지자면 대여금 채권의 소멸시효가 문제 될 수 있지만, 요새 대부업체는 그런 실수도 잘 하지 않는다. 무조건 이긴다. 변호사가 할 일이 별로 없다. 이 사건만 전담하면 승소율 100%의 완벽한 변호사가 될 수 있다. 하지만 그런 소송 하루에 열 건씩 이겨서 아름다운 승소율을 보인다 해도, 과연 그 수치가 변호사의 실력을 보여줄까. 당연히 전혀 아니다.

반면 대단히 어려운 소송도 있다. 1심에서 무기징역 받고 법정 구속됐는데 2심에서 무죄로 뒤집고 석방시킨다면 훌륭한 변호사다. 1심 유죄, 그것도 중형이 2심에서 무죄로 바뀌는 확률은 매우 낮다. 확정된 유죄 판결을 재심으로 뒤집는 것도 마찬가지다. 더 있다. 대법원은 그 성격상 보수성을 띨 수밖에 없는데, 그런 대법원의 기존 판례 변경을 끌어내는 것 역시 아주 멋진 성과다. 물론 매번 이런 큰 성공을 거둘 수는 없다. 하지만 가끔이라도 이런 결과를 만들어낸 변호사라면 이미 실력이 검증됐다고 할 수 있다.

실정이 이런데도 승소율이라는 의미 없는 숫자로 변호사를 평가하려 하다니. 난센스다. 물론 더 많은 소송에서 이겨 본 변호사가 똑똑하고 경험도 많으니 일 잘할 가능성이 크다. 하지만 승소율 하나로 변호사를 평가하면 틀릴 수밖에 없다. 그래도 어디선가 누군가는 지금도 의미 없는 승소율을 언급하며 이익을 보려 할 것이다. 급작스러운 일을 당해 마음 급한 의뢰인은 현란한 포장에 현혹된다. 검증할 수도 없다. 애초에 검증 자체가 불가능한 항목이다. 결국, 피해는 과장 광고에 속아 넘어간 법률 소비자에게 돌아간다.

이런 단순하고 무의미한 수치로 판단하는 게 적절하지 않다면, 도대체 어떤 변호사가 좋은 변호사이고, 그걸 또 어떻게 알 수 있을까? 다양한 의견이 존재할 수 있지만, 내 생각은 이렇다. 이길 사건은 확실하게 이겨야 한다. 그리고 질 사건 중에서 일부는 무승부 정도로 막아낸다. 이 정도면 충분히 훌륭한 변호사다.

사실 소송 승패는 이미 어느 정도 정해져 있다. 의뢰인만 그걸 모를 뿐이다. 각자 자기 사건에서는 객관적이기 힘들다. 기대와 희망은 확대되고 우려는 축소된다. 그게 인간이다. 이길 사건은 변수 없이 처리하고 패배의 피해를 최소화해주는 사람이 좋은 변호사다. 실상은 그런 변호사 만나기도 쉽지 않다. 반드시 기억해야 한다. 슈퍼맨 변호사는 영화 속에만 존재한다.

그럼 변호사는 뭘 어떻게 해야 할까. 어떻게 해야 이길 사건은 확실히 이길 수 있나? 어떻게 하면 질 사건 가운데 일부라도 패배에서 구해낼 수 있을까? 여기 놀라운 비결이 있다.

이길 사건만 맡으면 된다.

승소의
비결

변호사는 이겨야 한다. 이기지 못하면 실패다. 패소는 용서받지 못한다. 그러니 이겨야만 한다. 그럼 도대체 어떻게 해야 이길 수 있나? 변호사에게는 이게 가장 중요하다. 그런데. 이게 참 어렵다. 승소 비법을 알아내기 쉽지 않다. 쉽게 알아낼 수 있다면, 애당초 그걸 비법이라고 부를 수도 없다. 그런데 어찌어찌 가까스로 비법을 알아낸다 해도 그걸 실천하는 일이 또 만만치 않다. 그럼 도대체 어떻게 해야 이길 수 있을까. 승소의 비결을 하나씩 살펴보자.

우선 법률 지식과 법정 경험. 필수적이다. 여기에 더해 판사, 검사, 상대 변호사를 동시에 살피는 눈치도 필요하다. 너무 당연해서 따로 말할 것도 없다. 이런 건 비결로 불릴 자격이 없다. 기본이다.

그래도 이 정도는 갖춘 변호사들끼리 경쟁한다.

그래서 새로 변호사를 채용하면 내가 생각하는 승소의 비결을 천천히 하나씩 일러준다. 영화 〈타짜〉의 평 경장(백윤식)이 애제자 고니(조승우)에게 노름판에서 살아남는 방법 알려주듯. 다만 일반적인 상식과 조금 다를 수 있다. 내 나름의 생존 비책이며 업무 방침이다. 직원들이 나와 같은 생각을 하고 있어야 조직이 제대로 운영될 수 있다. 가능하다면, 쿠엔틴 타란티노의 〈킬 빌Kill Bill〉에서 빌(데이비드 캐러딘)과 키도(우마 서먼)가 황야의 별빛 아래 모닥불 피워놓고 대화하는 장면의 황홀하고 비장한 느낌을 떠올리며 들어보시라.

첫째, 사건을 가려 받아라

할까 말까 망설이다 수임한 사건에서 꼭 탈이 난다. 돈 욕심에 받은 일이 말썽을 부린다. 뭔가 느낌 안 좋던 의뢰인이 꼭 뒤통수를 친다. 시간 낭비, 체력 낭비에 정신적 피해까지 받는다. 낭패다. 받았던 수임료 고스란히 돌려주면서 제발 다른 변호사 찾아보시라고 사정사정하게 된다. 나중에 후회해도 소용없다.

세상에는 이상한 사람이 많다. 정말 너무 많다. 변호사도 서비스업자다. 사람 상대하는 일이다. 서비스 업계에서 일해 본 사람만 그 고충을 안다. 인간이란 존재에 대한 환멸을 느끼게 된다. 그런 일 몇 번 겪으면 아예 사람이 싫어진다. 그래서 사건도 고객도 최대한 미리 걸러내야 한다. 그래야 내가 산다.

그러려면 일단 최소한의 여유가 있어야 한다. 정신적 여유도 중요하지만, 사실 지갑 사정이 훨씬 더 중요하다. 양질의 사건을 수임해서 어느 정도 수입을 확보해둬야 한다. 직원 월급, 사무실 임대료, 카드 대금이 몇 달씩 밀려 있으면 누구나 초조해진다. 탈 날 것 같은 사건이지만 감사하며 수임하게 된다. 정상 아닌 의뢰인이지만 그냥 돌려보내기 힘들어진다. 그야말로 망하는 지름길이다. 목마르다고 바닷물 들이켜는 꼴이다.

게다가 이상한 의뢰인의 이상한 사건은 수임해서 아무리 열심히 해봐야 이길 수도 없다. 만화 〈북두의 권〉의 켄시로도 아니고, 제대로 일 시작하기도 전에 이미 죽어 있는 패소 냄새 짙은 재판이다. 뒷감당도 어렵다. 수임료 받아서 이미 다른 데 써버렸다면 문제는 더 심각해진다. 돈 문제로 이리저리 도망 다니는 변호사가 한둘이 아니다. 상식 이하의 변호사가 널려있다. 다들 쉬쉬해서 그렇지 실제로 험한 일 겪는 변호사가 많다. 그 꼴 당하지 않으려면 정신 바짝 차려야 한다. 잘 가려서 이길만한 사건만 수임해야 한다. 그러면 이미 이겨 놓은 상태에서 재판이 시작된다.

둘째, 의뢰인을 믿지 마라

사람은 다 똑같다. 자랑거리는 부풀린다. 누가 물어보지 않아도 기회를 봐서 어떻게든 말한다. 반대로 불리한 이야기는 되도록 꺼내지 않는다. 어쩔 수 없는 경우에도 최소로 줄인다. 심지어 위기에 빠져 간절한 마음으로 변호사를 찾아온 의뢰인도 마찬가지다. 하지만 변호사는 신이 아니다. 사정을 알아야 대응할 수 있다. 그래서 마주 앉자마자 부탁한다. 진심을 담아 요청한다. 모든 걸 다 말해달라고. 빠짐없이 정확히 알려달라고. 그래야 이길 수 있다고.

하지만 마음대로 되지 않는다. 언급조차 하지 않고 꼭꼭 숨기는 경우가 적지 않다. 그래도 그런 건 차라리 낫다. 금방 티 난다. 의심스러우면 끝까지 질문해서 이야기를 끌어내면 된다. 더 힘든 건 작은 부분을 슬쩍 감추거나 교묘히 줄여버리는 의뢰인이다. 한참 지나서야 사실을 알게 될 때도 있다. 난감해진다. 그때까지 이미 진행한 변론 방향과 내용을 바꿔야 할 수도 있다. 당연히 판사가 좋지 않게 본다. 불리하게 작용한다. 변호사에게도 손해이지만 무엇보다 가장 크게 피해 보는 건 의뢰인 본인이다.

그래서 변호사는 의뢰인을 믿으면 안 된다. 우리 편을 막연히 불신하면서 거리 두라는 게 아니다. 부끄러운 이야기와 감추고 싶은 사정을 쉽게 드러내기는 어렵다. 누구나 그렇다. 나 역시 마찬가지다. 일하면서 의뢰인의 그런 심리를 반드시 고려해야 한다는 말이다. 최대한 사실대로 자세히 정확하고 솔직하게 말해줘야 방어할 수 있고 이길 수 있다고 강조해야 한다.

의뢰인을 너무 믿으면 사건이 산으로 가버린다. 반면 너무 믿지

아비정전

않으면 의뢰인이 불만을 품는다. 그럼 도대체 적정한 수준은 어디일까. 대단히 어려운 문제다. 상황마다 다르고 의뢰인 성격에 따라 달라진다고 답할 수밖에 없다. 변호사 업무 마지막 날까지 그 적정한 선을 찾으려 노력하면서 계속해서 미세 조정을 해야 할 것 같다.

셋째, 인간의 한계를 인식하라

의뢰인만 의심한다고 되는 게 아니다. 변호사가 가장 의심해야 하는 건, 바로 변호사 자기 자신이다. 인간은 완벽하지 않다. 결함투성이다. 인지 능력은 생각보다 형편없고, 기억은 오래가지 못한다. 기억이 왜곡되는 경우도 흔하다. 늘 기억 앞에 겸손해야 한다. 변호사 역시 마찬가지다. 당연히 불완전하다. 내 능력을 과신하는 순간 실수가 나온다. 언제든 실수할 수 있음을 명심해야 이길 수 있다.

내 머리를 믿는 순간 위험에 빠진다. 머리 대신 기록을 믿어야 한다. 기억에 의지하면 안 된다. 항상 자료를 확인해야 한다. 물론 천재는 자기 머리를 믿어도 된다. 하지만 안타깝게도 우리나라 변호사 가운데 천재는 없다. 진정한 천재가 한국에서 변호사 일이나 하고 있을 리 없다. 천재성이 필요한 다른 분야로 이미 오래전에 떠났을 거다. 그게 대한민국에도, 전 인류에게도 이익이다. 그러니 나를 포함한 모든 변호사는 착실하게 기록 뭉치를 보고, 보고 또 보면서 원시적이지만 성실하게 일해야 한다. 그게 모두를 위한 최선의 자세다. 미련해 보이지만 가장 현명한 업무 태도다. 아무리 강조해도 지나치지 않다. 인간의 나약함과 부족함을 잊지 말아야 한다.

넷째, 동료를 의심해라

믿으면 안 되는 게 하나 더 있다. 바로 함께 일하는 동료 또는 직원 변호사다. 항상 열심히 일하는 것처럼 보이긴 한다. 하지만 그걸 믿고 맘 편히 있으면 안 된다. 알아서 잘하겠거니 생각하다 큰일 난다. 부하 변호사들이 할 일 다 했는지, 빠뜨린 부분 없는지, 혹시라도 상대방에게 허점 보이는 건 아닌지 늘 확인해야 한다. 신경이 곤두설 수밖에 없다.

오해하면 안 된다. 이건 단순한 불신이나 감시가 아니다. 합리적이며 효율적인 역할 분담이다. 조직에서 가장 무서운 건 무책임한 상사의 신뢰를 가장한 게으름이다. 내가 더 쉬고 싶어 하는 것과 마찬가지로 모든 사람은 더 편한 길을 추구한다. 인간은 게으르다. 원래 그런 존재다. 근면 성실한 삶은 인간 본성에 반한다. 우리 모두는 금전, 명성, 칭찬을 위해 억지로 노력하며 열심히 살려고 노력할 뿐이다. 따라서 동료가 성실할 거라고 착각하면 안 된다. 그랬다가는 편안하고 무난하게 망한다. 그래서 상호 긴장이 필요하다. 동료를 믿지 마라.

잡초의 생존법

이게 무슨 비법이냐며 비웃을 수도 있다. 비법이 아니라 꼼수라고 지적할 수도 있다. 인정한다. 그렇다면 '실전 대응책'이라고 포장하겠다. 세상에는 장미, 난초, 목단만 있는 게 아니다. 잡초도 풀이다. 살아야 한다. 잡초는 더더욱 일단 살고 봐야 한다. 오늘을 버텨야 내일이 온다. 치열하게 고민하고 작은 부분까지 끊임없이 살펴야 이길 수 있다.

의뢰인은 인생의 가장 다급하고 위태로운 순간에 나를 찾는다. 나를 믿고 적지 않은 돈을 쓴다. 그 돈값을 해내야 한다. 그러니 마음 편히 지낼 수 없다. 이 일은 제대로 하면 늘 괴로울 수밖에 없다. 이기기라도 해야 그나마 조금 덜 피곤해진다. 어떻게든 이겨야만 한다.

승소하는 방법을 살펴보고 있다. 빼놓을 수 없는 중요한 한 가지가 더 있다. 바로 '줄타기'를 잘해야 한다는 것. 의뢰인의 이익과 객관적 진실 사이에 상당한 거리가 있을 수 있다. 이때 변호사의 줄타기 능력이 필요하다.

송무 변호사의 주 업무는 '싸움'이다. 민사, 상사, 가사, 형사, 행정, 노동, 해상, 물류, 의료, 공정거래, 지식재산권, 스포츠, 엔터테인먼트, 건설, 국제, 통상, 선거 등등 생각나는 모든 영역에서 기본적으로 싸운다. 자신과의 싸움이 아니다. 반대편에 상대방이 있는 실제 분쟁이다. 상대와 싸워 이겨야 한다. 그런데 그 상대 역시 어떻게든 나를 때려잡아 이길 궁리만 하는 사람이다. 상상만 해도 머리가 아프다. 피로감이 몰려온다.

게다가 거의 모든 사건에는 우리 편에 유리한 내용과 불리한 부분이 마구 섞여 있다. 일방적으로 유리하거나 불리한 경우는 찾기 힘들다. 그런 사건은 돈 들여 법정까지 가기 전에 알아서 잘 해결된다. 애매한 부분이 있으니까 갈등이 격화되고 분쟁이 커지고 소송까지 가는 거다. 그리고 그때 변호사가 필요하다.

소송에서 변호사는 의뢰인에게 유리한 내용을 강조한다. 최대한 잘 드러나도록 적절한 타이밍과 방식을 고르고 또 고른다. 상대방 당사자와 변호사의 성향은 기본이고 판사 스타일까지 고려해야 한다. 작은 부분까지 고민한다. 반대 경우는 어떨까? 만약 의뢰인에게 불리한 내용이 있다면? 불리한 건 굳이 제출하지 않고, 제시하지 않고, 언급조차 하지 않는다. 그래도 되느냐고? 당연히 된다. 변호사는 괜찮다. 오히려 그렇게 해야 한다.

물론 변호사에게도 지켜야 하는 선이 있다. 증거 조작은 당연히 안 된다. 그건 범죄다. 윤리적으로 준수해야 하는 사항도 있다. 변호사 윤리장전 제36조에는 재판 절차에서의 '진실 의무'가 규정되어 있다. 변호사는 재판 절차에서 의도적으로 허위 사실에 관한 주장을 하거나 허위 증거를 제출하면 안 된다. 증인에게 허위 진술을 교사하면 안 되는 건 당연하다.

하지만 기본적으로 변호사는 누군가의 대리인 또는 변호인이다. 한쪽 편에 서서 일한다. 대놓고 불법을 저지르는 건 용납되지 않지만, 규칙의 틀 안에서 빈틈을 찾아 파고드는 건 변호사의 중요한 능력이다. 대략 탈세와 절세의 차이 정도로 이해하면 좋겠다. 대충 보면 엇비슷하지만, 따져보면 의미와 효과와 평가가 완전히 다르다. 탈세는 범죄이지만, 절세는 영리함이다.

그럼 공무원인 판사, 검사는 어떨까. 변호사와 다르다. 완전히 다르다. 우선 법관은, 헌법과 법률에 의하여 양심에 따라 독립하여 심판해야 한다(헌법 제103조). 공정하지 못하게 어느 한 편으로 치우치면 안 된다. 수사와 공판 절차에서 변호사와 치열하게 대립하는 검사는 어떤가. 검사에게는 '객관 의무'가 있다. 검사가 단순히 누군가를 감옥으로 보내는 사람이 아니라 '공익의 대표자'이기 때문이다(검찰청법 제4조 제1항). 따라서 검사는 직무를 수행할 때 국민 전체에 대한 봉사자로서 헌법과 법률에 따라 국민의 인권을 보호하고 적법절차를 준수하며, 정치적 중립을 지키고, 주어진 권한을 남용하여서는 안 된다(제2항).

심지어 형사소송법 제424조는 검사는 '피고인을 위해' 재심을 청구할 수 있다고 규정한다. 따라서 피고인이 억울하게 유죄 판결을 받으면 다른 사람도 아닌 검사가 그 억울함을 벗겨줄 수 있다. 피고인의 이익을 위해 상소할 수도 있다.

실제 사례도 있다. 70대 노인이 아동 강제추행으로 1심에서 징역 4년 선고받았다. 피고인과 변호인은 어찌된 일인지 기한이 지나도록 항소하지 않았다. 그냥 두면 4년 형이 확정되는 상황. 그런데 갑자기 1심에서 실형을 받아낸 검사가 형량이 너무 무겁다며 항소했다. 그리고 실제로 항소심에서 징역형의 집행유예가 선고되면서 70대 노인은 석방됐다.

이처럼 검사와 변호사는 본질적으로 다르다. 같은 법정에서 서로 다투지만, 하는 일의 성격이 다르다. 따라서 검사는 변호사와 달리 피고인에게 유리한 증거를 가진 경우 법원에 제출해야 한다. 실체적 진실 발견에 협력해야 한다. 유죄 판결을 받기 위해 무죄의 증거를 숨기고 모른 척하면 안 된다. 이건 단순한 권고 사항이 아니다. 법률에 명시된 법적 의무다. 그런데도 검사가 피고인에게 유리한 증거를 숨겨서 크게 문제된 적 있다.

우선 용산 참사 사건 재판. 당시 불법 점거 농성을 한 혐의 등으로 기소된 피고인들은 재판을 거쳐 엄중한 처벌을 받았다. 그런데 그 재판 도중 피고인들이 방어를 위해 수사기록 열람·등사를 원했지만, 검사가 끝까지 반대했다. 법원이 이를 허용하라고 했는데도 계속 거부했다. 결국, 피고인들은 손해배상 소송을 제기했고, 대법원은 국가가 피고인들에게 정신적 피해를 주었다며 1인당 300만 원씩 배상하도록 했다(대법원 2012. 11. 15. 선고 2011다48452 판결).

이 사건보다 10년 전으로 가보자. 유부녀에 대한 강도강간 사건이 벌어졌다. 범인으로 지목된 A가 기소됐다. 하지만 피해자는 범인 얼굴을 정확하게 보지 못했고, A는 범행을 부인했다. 피해자는 범인이 팬티를 칼로 찢은 후 강간하고 사정^{射精}한 것 같다고 진술했다. 실제로 피해자의 팬티에 범인의 정액으로 보이는 얼룩이 있었고, 범행 당일 바로 압수됐다. 경찰이 국과수에 감정을 의뢰했다. A의 DNA가 검출된다면 사실상 유죄로 볼 수 있다. 실제로 검사 결과 피해자의 팬티에서 정액이 검출됐다. 이대로 끝나는 듯했다.

하지만 결과는 예상과 달랐다. 팬티에서 검출된 유전자형[18]은 A의 것이 아니었다. 피해자의 남편과도 일치하지 않았다. 다른 제3의 남성의 정액이었다. 이러한 내용이 기재된 국과수 감정서가 경찰을 거쳐 검사에게 전달됐다. 그 국과수 감정 결과는 A가 아닌 다른 인물이 범인임을 시사했다. A의 무죄를 입증할 결정적 증거였다.

그러나 검사는 잘못된 선택을 했다. 감정서를 법원에 제출하지 않았다. 그렇게 감정서 없이 재판이 이뤄졌고, A는 1심에서 징역 15년의 중형을 받았다. 억울함을 호소하던 A의 항소로 이어진 항소심에서도 검사는 법원에 그 감정서를 내지 않았다. 그러자 항소심 법원이 직접 국과수에 사실조회를 해 내용을 확인했고, 이후 무죄 판결을 선고했다. 검사는 공판 과정에서 피고인에게 결정적으로 유리한 증거를 입수하고도 이를 은폐한 것이다. 법원은 그러한 검사의 행위는 도저히 합리성을 긍정할 수 없는 정도에 이르러 위법하다고 판단했고, 2,500만 원 배상 판결이 확정됐다(대법원 2002. 2. 22. 선고 2001다23447 판결).

지금은 있을 수 없는 그저 20년 전 옛날이야기로 들릴 수도 있다. 하지만 과연 그럴까? 놀랍게도 최근에도 비슷한 일이 있었다.

2015년 만취한 B는 지인 여성의 집에서 잠들었다가 강간죄로 기소됐다. 그런데 이때도 검사는 피해 여성 신체와 의복 등에서 B의 유전자가 발견되지 않았다는 국과수 감정서를 증거에서 쏙 빼고 기소했다. 이후 B는 다행히도 무죄 선고받았고, 국가를 상대로 손해배상 청구하여 300만 원 배상 판결을 받았다(충주지원 2020. 8. 13. 선고 2019가단23407 판결).

최근 법원은 검사의 객관 의무를 더욱 강조하고 있다. 검사가 객관 의무를 어기면 누명 쓴 억울한 피해자가 만들어질 수 있기 때문이다. 또한, 그로 인한 손해배상 소송의 피고는 대한민국이다. 우리가 낸 세금이 손해배상 판결금으로 지급된다. 그냥 놔둘 수 없는 일이다. 국가배상법 제2조 제2항은 공무원의 고의 또는 중과실로 국가가 손해배상을 한 경우 구상할 수 있도록 하고 있다. 국가배상을 초래한 검사에 대하여 구상권이 제대로 행사되었는지 궁금하다.

이렇게 판사와 검사는 매우 무거운 의무를 진다. 하지만 같은 법조인이면서도 변호사는 이들과 다르다. 대가를 받고 한쪽 편을 위해 싸운다. 용병이다. 불법이 아니고 윤리적 문제가 적다면 효과적으로 잘 싸워서 의뢰인에게 이익을 안겨줘야 한다. 또는 적어도 패소의 피해를 최소화해줘야 한다. 그런 일의 대가로 보수를 받고 그걸로 먹고 산다.

무엇보다 변호사는 자기 역할과 지위를 잘 알아야 한다. 변호사가 판사처럼 일하면 안 된다. 판사는 판단하는 사람이지만, 변호사는 판단을 받는 사람이다. 판단 받는 사람이 스스로 판단하고 결론 내리는 건 건방진 일이다. 변호사가 생각하고 판단하는 건 판단을 받기 위해 준비하는 상황에서만 허용된다. 검사처럼 의뢰인을 다그쳐서도 안 된다.

간혹 판사나 검사처럼 생각하고 행동하는 변호사가 있다. 누구에게도 도움 되지 않는다. 변호사에게는 변호사만의 업무가 있고, 그 업무를 잘해낼 수 있는 사고방식과 행동 양식이 있다. 상황에 따라 잘 선택해서 융통성 있게 적용해야 한다. 그걸 잘하는 사람이 능력 있는 변호사다. 그런 변호사가 재판에서 이기고 돈도 번다.

천하제일
거짓말 대회

예전부터 손씨 성^姓 가진 애들 별명은 늘 손오공이었다. 학교, 동네, 교회, 성당, 절 심지어 군대에서도 마찬가지. 지금도 그렇다. 손씨 중 제일 유명한 건 손석희도 손흥민도 손기정도 아닌 〈서유기〉의 원숭이 손오공이다. 서유기는 스토리 자체가 흥미롭고, 저팔계, 사오정, 삼장법사 등 주변 캐릭터도 다채롭고 매력적이다. 그래서 파생된 창작물도 많다. 허영만의 〈날아라 슈퍼보드〉도 있지만, 일본 만화 〈드래곤볼〉의 인기는 정말 엄청났다. 모르면 또래들 대화에 낄 수 없었다. 좌우 반전된 해적판 단행본을 사 모은 친구 집에 모여 밤새 읽은 그 시절 추억이 생생하다.

이 만화에 '천하제일 무술 대회'가 나온다. 아니, 재판 이야기하다 갑자기 웬 만화 속 무술 대회냐고? 다 이유가 있다. 손오공과 친구들을 비롯해 별별 싸움꾼이 천하제일 무술 대회에 출전해 1대1로 겨룬다. 각자 갈고 닦은 나름의 기술을 마음껏 쓸 수 있다. 무기 사용만 금지된다. 무도인의 자존심을 건 대결이 펼쳐진다. 엄청난 상금도 걸려 있다. 이쯤이면 눈치 챘을 거다. 천하제일 무술 대회는 재판과 비슷하다. 닮은 점이 꽤 많다. 물론 재판은 무술 대회가 아니니 완전히 같을 수는 없고, 천하제일 '거짓말' 대회로 생각하면 얼추 비슷하다.

　우선 민사 소송. 민사 소송의 당사자인 원고와 피고 양쪽 모두 거짓말을 한다. 법정에서 완벽하게 진실만 이야기하는 사람이 과연 존재할까? 아직 보지 못했다. 아무리 존경받는 성직자라도 돈 문제로 송사 걸리면 교묘한 눈속임을 넘어 거리낌 없이 거짓말한다. 교수, 교사, 의사, 변호사, 정치인, 연예인 다 마찬가지. 국적, 성별, 나이, 출신지, 학력, 재산 아무 상관없다. 법정에 서는 사람은 모두 거짓말을 한다. 돈 앞에서 모두의 인간성과 도덕관념은 평등해진다. 법정은 공인된 거짓말 경연장이다.

　거짓말해도 괜찮다. 걸리지만 않으면 이긴다. 걸려도 다른 거짓말을 이어가면 된다. 양쪽 주장에는 늘 진실과 거짓이 섞여 있다. 그 배합 비율이 관건일 뿐이다. 그래서 민사 소송은 종종 51:49의 싸움이 된다. 주장에 일리는 있지만 아쉽게 49 수준에 그치면 전부 패소. 하지만 그 한고비를 넘기고 51이 되는 순간 전부 승소로 바뀐다. 위증죄가 무섭지 않느냐고? 전혀. 위증죄는 선서한 증인에게만 적용된다. 소송 당사자는 증인이 아니다. 거짓말하다 걸려도 위증죄 부담은 없다. 잠시 망신당하고 끝난다.

변호사 역시 마찬가지. 거짓말 대회의 훌륭한 참여자다. 의뢰인의 거짓말을 포장하고 가린다. 진실하게 보이도록 그럴듯하게 만들어낸다. 가끔 의뢰인에게 먼저 거짓말을 제안하는 정신 나간 변호사도 있다. 무엇보다 변호사는 내 의뢰인이 거짓말하듯 상대방 역시 그렇다는 걸 알고 있다. 그래서 상대방의 거짓말이 최대한 두드러지게 노력한다. 양쪽 모두 마찬가지다. 다 돈 받고 하는 일이다. 씁쓸하지만 어쩔 수 없는 재판 현실이다. 직업적 양심과 금전적 만족을 동시에 얻으려면 사건을 가려 받아야 한다. 이것저것 다 받으면 심각한 자기 부정에 빠질 수밖에 없다.

한편 재판에는 판사도 있다. 판사는 천하제일 거짓말 대회의 심판이다. 거짓말을 가려내는 역할이다. 누가 진실을 말하고 누가 거짓말하는지 가려낸다는 건가? 아니다. 앞서 말했듯 거짓말은 양쪽 다 한다. 그건 상수常數다. 그럼 누가 거짓말 더 많이 하는지를 가려내나? 그것도 아니다. 그저 누가 한 발짝이라도 진실에 더 가까운지 판단한다. 누가 선량한지, 악한지는 중요하지 않다. 어차피 원고와 피고 모두 재판에서 이기기 위해 모든 노력을 다한다. 그 노력은 합법과 불법, 전략과 꼼수, 대담함과 무모함, 기발함과 야비함의 경계선 언저리에 있다.

형사와 달리 민사 소송은 51:49로도 승소와 패소가 갈린다. 그만큼 판사의 판단은 중요하다. 판사는 재판이 거짓말 경연임을 잘 안다. 그래서 누구의 말도 그대로 믿지 않는다. 증인도 마찬가지다. 재판에서 증인의 증언은 생각만큼 중요하지 않다. 서류 한 장이 열 명의 증인보다 강력하다. 우리 재판 현실에서 위증은 기본이다. 당사자가 직접 섭외해서 데리고 나온 대동(帶同) 증인은 더더욱 믿기 힘들다. 판사도 거짓말 경연의 필수 참여자다. 이렇듯 재판은 천하제일 거짓말 대회다. 옳고 그름을 떠나 현실이 그렇다. 그걸 부정하면 변호사 일 못 한다.

이런 신기한 일이 생기기도 한다. 이혼 소송이었다. 이미 혼인 관계는 파탄에 이른 지 오래. 남편의 의처증과 가정 폭력이 심했다. 아내에게는 큰 잘못이 없어 보였다. 무난히 이기는 소송 같았으나, 소송 막바지에 진행한 친자 확인을 위한 유전자 검사 결과가 충격적이었다. 여러 자녀 중 두 명이나 문제였다. 믿기 힘든 일이었다. 공세만 펼치던 아내가 삽시간에 수세에 몰렸다. 하지만 자세히 밝히기 어려운 여러 수단을 동원했고, 결과적으로 상당히 많은 것을 얻어냈다. 그렇게 잘 끝나는 듯했다.

그런데 갑자기 시어머니가 다가왔다. 재판에서 존재감 없던 남편 대신 시어머니와 계속 충돌했기 때문에 항의와 저주를 각오했다. 그저 의뢰인을 위해 최선을 다했을 뿐이지만, 상황이 이러니 오히려 욕 몇 마디 정도는 먹어도 괜찮았다. 다른 사람 아이를 손자로 알고 애지중지 키웠는데 재판 결과가 이렇게 나오다니. 그 심정 오죽했겠나. 가끔은 욕 몇 마디 들어야 마음이 편해질 때도 있다.

하지만 전혀 의외였다. 자기 변호사 비난으로 시작해서 내 칭찬으로 넘어가더니, 아들 며느리 이혼과 전혀 관계없는 다른 금전 관련 소송을 맡아달라고 부탁했다. 이후 금전적, 정서적으로 모두 좋은 결과를 얻고 일을 마무리했다. 변호사로서 이보다 더 큰 자랑거리가 있을까. 참 별일 다 생긴다. 이 직업의 장점이자 단점이다. 이 사건을 거치면서 나도 천하제일 거짓말 대회 1차 예선 정도는 통과했다.

이런 일도 있었다. 그날 역시 국가가 주최하는 거짓말 대회가 열렸다. 불리할 부분이 별로 없는 소송이었다. 잘 풀려갔다. 큰 문제가 없었다. 그런데 상대 변호사가 특이했다. 세상 순수한 얼굴로 뻔뻔하게 거짓 주장을 내놓았다. 눈 하나 깜빡이지 않았다.

물론 그런 사람이야 많다. 하지만 거기서 그치면 오히려 손해만 본다. 그건 하수ᶠᶠ다. 그런데 그 변호사는 교묘하게 계속해서 후속 주장을 만들어냈고, 상대의 빈틈을 잘 파고들었다. 판사의 추궁도 요리조리 빠져나갔다. 순간적으로 그럴듯하게 꾸며내는 능력이 탁월했다. 다행히 애초 예상한 결과를 받아들긴 했지만, 쉽지 않았다. 이 정도면 업계 상위권 뻔뻔함과 임기응변 능력이었다.

그래서 재판 끝나고 항의하고 싸웠느냐고? 아니다. 그랬으면 신기한 이야기라고 할 수 없다. 그 거짓말 유망주를 채용했다. 기대가 컸다. 하지만 얼마 지나지 않아 꿈에도 생각하지 못한 일이 벌어졌다. 그 유망주는 법정에서만 그러는 게 아니었다. 판사만 속이는 게 아니었다. 상대방 변호사만 현혹하는 게 아니었다.

늦잠 자서 재판에 출석하지 못하고는 마치 출석한 것처럼 거짓말로 보고했다. 심지어 그날 재판에서 어떤 일이 있었는지 세세하게 꾸며내서 내게 설명했다. 역시 스토리 창작 능력 하나는 뛰어났다. 그러면서 직원들에게 비밀 지켜달라고 부탁까지 했다. 하지만 내부 제보로 인해 금방 들통 났다. 조용히 불러 최근 업무 중 잘못한 일을 이실직고하면 용서해주겠다고 했다. 하지만 끝까지 선량한 눈빛으로 나를 빤히 보며 도무지 무슨 이야기인지 모르겠다고 발뺌했다. 그리고 그날이 그 스토리 창작자의 마지막 출근이었다.

법정은 공인된 거짓말 경연장이지만, 직장은 전혀 그렇지 않다. 나를 속이는 사람에게 누군가의 인생이 걸린 사건을 맡길 수 없었다. 권투 선수는 사각의 링에서, UFC 선수는 옥타곤 안에서 각각 경기 규칙에 따라 싸워야 한다. 길거리 행인에게 니킥 날리는 건 범죄다. 그 정도 기본도 모르는 사람과 계속 함께할 이유는 없었다. 애초부터 판단 착오였다. 이렇게 사람이 더 싫어졌다.

양복 입고 테헤란로 걸어 다니는 사람 중 절반은 사기꾼이다. 나머지 절반은 사기 피해자이거나 예비 피해자다. 법정은 더 심각하다. 서로가 서로를 속인다. 자기는 그렇게 부도덕하게 일하지 않는다고 항변하는 변호사도 있을 거다. 하지만 인간은 누구나 자기를 보호한다. 미화 본능이다. 냉정히 돌아봐야 한다.

만약 모든 사람이 진실만을 이야기한다면 재판이 필요 없다. 소송도 필요 없다. 판사는 실업자 된다. 변호사도 사라질 거다. 하지만 세상은 그렇지 않다. 따라서 솔직하게 현실을 인정해야 한다. 이러나저러나 변호사는 소송 당사자의 대리인에 불과하다. 주인님 대신 천하제일 '거짓말' 대회에 출전한 '용병'이다. 규칙을 어기지 않는 선에서 의뢰인을 위해 싸워 이기는 게 변호사의 임무다. 들키지 않을 자신 있으면 눈도 찌르고 귀도 깨물고 로 블로^{Low Blow}도 날려야 한다. 변호사는 거짓말 대회의 주인공이다.

그러니, 어찌 사람이 싫어지지 않을 수 있겠는가.

Part 2

중경삼림

重慶森林 Chungking Express, 1994

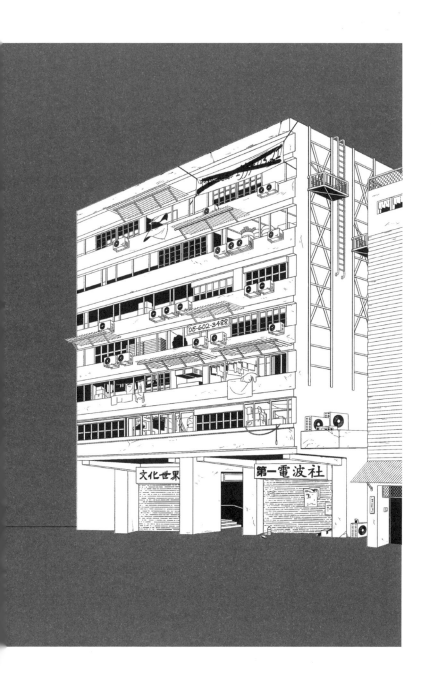

어디로 가고 싶어요?

페이 왕정문

아무 곳이나. 당신이 원하는 곳으로.

경찰 663 양조위

어디로 튈지 모르는 통제불능 페이,

반대로 진중하고 어른스러운 663.

페이는 약속 장소인 California에 오지 않고

편지 한통을 남긴 채 California로 떠나버렸다.

대책 없이 늘 밝아 보였지만,

그 속에도 역시 청춘의 깊은 고민이 들어있었다.

지금까지 너무 부정적인 모습만 다룬 것 같다. 변호사는 좋은 직업이다. 예전 같은 호시절은 이미 오래전에 끝났지만, 부와 명예와 보람을 어느 정도 골고루 얻을 수 있다. 이런 직업이 생각보다 많지 않다. 다양한 분야로 진출할 수도 있다. 앞으로 세상이 어떻게 바뀔지 모르는 상황에서 이러한 확장성은 매력적이다. 이미 정치, 경제, 교육, 문화, 예술 각 분야에 변호사가 진출해 있다. 미국 등 외국은 훨씬 더 하다. 이 정도면 괜찮은 직업이다.

그래서 그런가. 변호사를 꿈꾸는 학생이 여전히 적지 않다. 가끔 연락도 받는다. '어떻게 하면 변호사 될 수 있어요?', '저도 할 수 있을까요?', '변호사 되면 얼마나 좋아요?', '너무 늦은 건 아닌가요?'…. 적극적으로 정보를 구하는 자세는 좋다. 남 일 같지 않아서 최선을 다해 답해준다. 하지만 듣고 싶어 할 만한 이야기를 해주진 않는다. 일부러라도 더 냉정하게 답한다. 기분 상한 사람도 있을 거다. 일단 용서를 구한다. 하지만 길게 보면 도움 될 조언이었다고 믿는다.

사실 학생보다는 부모들이 더 많이 물어본다. '요새 변호사 어때? 예전만 못하지? 변호사 힘들다는데 자넨 좀 어때?', '우리 애 변호사 하면 어떨까? 이번에 대학 갔는데 어떻게 준비해야 하지?', '아들이 회사 그만두고 로스쿨 간다는데 뭘 도와줘야 할까?' 같은 엇비슷한 질문을 참 자주 받는다. 최근 들어 문과생이 갈 수 있는 괜찮은 직장이 줄고 있어서 더 그런 것 같다.

요즘 유행이나 입시 대책은 잘 모른다. 이제 막 변호사가 된 젊은 사람들에게 물어봐야 할 일이다. 하지만 내가 알려줄 수 있는 것도 있다. 어떤 사람에게 변호사가 어울리는지, 변호사 일 잘하려면 어떤 점을 갖춰야 하는지. 그리고 무엇보다 절대 변호사 일을 하면 안 되는 사람은 누구인지. 고등학생, 대학생 조카와 카페에서 몸 뒤로 눕히고 커피 마시면서 편하게 진로 상담하는 기분으로 생각해봤다. 다만 이번에도 조금 냉정할 예정이다.

체력도 실력

변호사 일은 생각보다 고되다. 영화나 드라마 속 화려한 장면을 생각하면 안 된다. 그건 그냥 판타지다. 미드 〈베터 콜 사울Better Call Saul〉 정도는 돼야 실제 변호사의 삶을 엿볼 수 있다. 〈브레이킹 배드 Breaking Bad〉에 살짝 나오던 타락한 변호사 사울 굿맨이 워낙 흥미로운 인물이라 아예 스핀오프로 제작되었다. 두 작품 모두 변호사의 고단함을 그리고 있다. 영국 일간지 〈더 가디언The Guardian〉이 선정한 21세기 TV쇼 TOP 100에 포함된 수작이니 시청하길 권한다.

변호사는 멋있게 차려입고 깔끔한 사람 만나 폼 나는 일만 할 수 없다. 낮에는 법원, 검찰청, 경찰서 여기저기 정신없이 돌아다니고, 남들 퇴근해서 쉬는 늦은 저녁에야 겨우 사무실 자리에 앉을 수 있다. 그때부터 서류 뭉치 펴놓고 진짜 일을 시작한다. 자정 넘기는 건 우습다. 그래서 체력이 약하면 버틸 수 없다. 피곤하면 집중력이 저하된다. 집중하지 못하면 정확성이 떨어진다.

부정확한 검토와 대응은 패소로 직결된다. 패소는 신규 사건 수임에 악영향을 미치고, 이는 곧 수입 감소를 의미한다. 몸부림쳐봐야 소용없다. 사람 몸은 하나, 모두에게 하루는 24시간이다. 어릴 때부터 준비하고, 꾸준히 관리해야 한다. 꼭 변호사가 아니더라도 체력은 정말 중요하다. 체력도 능력이다. 경쟁의 기본 조건이다. 버틸자신 있으면 변호사를 꿈꿔라. 체력 좋으면 변호사 해라.

아 진짜. 별걸 다 따지고 드네

변호사는 까칠해야 한다. 사람에게 예의없이 까다롭게 굴라는 게 아니다. 사건을 대할 때 까다롭고 꼼꼼해야 한다는 말이다. 매사 의심해야 한다. 편하게 생각하고 대충 넘어가면 안 된다. 다양한 각도로 접근하면서 끊임없이 이런저런 가정과 상상을 해야 한다. 모든 가능성과 변수를 꼼꼼히 챙겨야 한다.

허황한 망상을 하라는 말이 아니다. 불필요한 일에 시간 쓰면 안 된다. 의뢰인에 대한 배임背任이다. 사건을 처리하면서 여러 가지 시나리오를 다양하게 준비해야 한다. 두뇌를 알뜰하게 활용活用해야 한다. 무조건 한 번 더 확인해야 한다. 별걸 다 따진다는 이야기를 들어야 한다. 항상 넘치게 준비해야 한다. 가끔은 닭 잡는 데 소 잡는 칼을 쓸 필요가 있다. 닭 잡는다고 생각했지만 막상 잡고 보니 소였던 경우도 더러 있다. 생각을 귀찮아하면 안 된다. 게으른 천재는 필요 없다. 두뇌가 부지런하다면 변호사 해라.

역시 변호사라 그런지 말(은) 잘하네

이런 말을 가끔 듣는다. 그냥 하는 별 의미 없는 말일 수도 있고, 때로는 칭찬일 수도, 반대로 비아냥일 수도 있다. 가끔 진지하게 부러워하는 사람도 없지는 않다. 그런데 사실 변호사는 달변이 아니어도 괜찮다. 변호사는 다 말 잘하는 줄 알지만, 전혀 아니다. 어눌한 변호사가 훨씬 더 많다. 변호사에게 언변은 필수 요소가 아니다.

물론 말을 잘해서 나쁠 일은 없다. 하지만 말만 번지르르해서는 결코 성공할 수 없다. 변호사에게는 글이 말보다 중요하다. 7:3 정도로 글 비중이 크다. 여전히 재판은 서면을 중심으로 이루어진다. 승패를 가르는 건 말이 아니라 글이다. 특히 사건 수임 부담 없는 고용 변호사라면 조용히 골방에서 글만 잘 써도 된다.

변호사의 글쓰기는 문학과 다르다. 아름다운 문장, 신선하고 독창적인 구성은 필요 없다. 오히려 해롭다. 법률 문서는 실용적 기술 용어로 채워진다. 전자제품 매뉴얼이나 과학 논문에 가깝다. 감정에 호소하는 탄원서가 아니다.

물론 기록 검토와 해석, 법리 분석, 논리 구성, 효과적 표현까지 여러 단계의 작업이 포함되므로 법률 문서 작성은 쉬운 일이 아니다. 하지만 잘 배우고 경험 쌓으면 누구나 제대로 할 수 있다. 눌변이 갑자기 달변으로 변하는 것보다 문서 작성법을 익히는 게 훨씬 현실적이다. 하지만 안타깝게도 변호사 중에도 글 제대로 쓰지 못하는 사람이 대단히 많다.

특히 신입 변호사가 쓴 글은 잘 이해하기 어렵다. 이게 대체 무슨 의미인지, 어떤 의도로 쓴 건지. 어디서부터 어떻게 말해줘야 할지 한참 고민하게 된다. 학벌 좋고 아이큐 높아도 마찬가지다. 문장을 제대로 구성하지 못한다. 타고난 언어 감각 문제일 수도 있지만, 꼭 그런 것만은 아니다. 말은 잘하는데 유독 글이 엉망인 경우도 많다. 이런 말 참 미안하고 슬프지만, 타고난 논리적 사고 능력이 부족하기 때문이다.

간결하고 논리적인 글을 쓸 수 있는 사람은 좋은 변호사가 될 확률이 높다. 이미 두뇌 속에 논리적 사고 체계가 자리 잡고 있기 때문이다. 설득력 있는 글은 그 사람의 두뇌 능력을 보여준다. 반대로 그런 글을 못 쓰는 사람은 변호사 말고 다른 일 찾아야 한다. 변호사는 글로 다른 사람 설득해서 먹고사는 사람이다. 어지간한 기자나 작가보다 훨씬 많은 글을 생산해내야 한다. 전문적인 악플러들보다도 많이 써야 한다. 글 잘 쓸 자신 없으면 하루라도 빨리 다른 일 찾아라.

아무리 불편한 일이라도 두 눈 딱 감고

재판에는 해피엔딩이 없다. 이겨도 져도 언제든 마이너스다. 송사에 휘말리는 것 자체가 손해다. 하지만 소송 없는 세상은 불가능하다. 따라서 변호사는 매일매일 새로운 사건 상담과 재판을 피할 수 없다. 난처하고 불편한 상황이 끊임없이 발생한다. 이게 돈벌이이므로 회피할 수 없다. 눈 질끈 감고 똑바로 맞서 처리해야 한다.

여기서 아주 중요한 변호사의 임무가 생겨난다. 언제 어디서든 누구 앞에서든 최대한 객관적이어야 한다는 사실. 물론 변호사도 사람인 이상 완벽하게 객관적일 수는 없다. 하지만 의뢰인에게 최대한 정확한 정보와 의견을 전달하려 노력해야 한다. 이런 의무는 수임 전 최초 상담 단계부터 시작된다.

특히 소송 과정에서 입을 수 있는 여러 피해와 불편을 미리 이야기해야 한다. 혹시라도 수임하지 못할까 봐 감추면 결국 나중에 큰화가 되어 돌아온다. 수임 욕심에 사건을 낙관적으로 보면 안 된다. 큰일 난다. 감당하지 못할 일이 벌어질 수 있다. 상담자의 실망한 표정이 예상되더라도, 정확하고 객관적인 사건 분석 결과를 알려줘야한다. 의뢰인을 위한 것인 동시에 나의 안전을 위한 일이기도 하다.

하지만 세상일이 그렇게 단순하지 않다. 의뢰인 처지에서 생각해보자. 당연히 정반대다. 의뢰인은 "이겨주겠다. 이길 수 있다. 무조건 이긴다. 다른 변호사는 잘 몰라서 그러는 거다. 거기 판사들하고 내가 친하다. 나만 믿으면 된다." 이렇게 자신 있게 치고 나오는 변호사에게 사건을 맡기게 된다. 사람 마음이 원래 그렇다. 그런데 실제로 그런 대단한 능력을 보유한 변호사라면 좋겠지만, 안타깝게도 그런 말은 거의 다 허풍이다. 수임에만 신경 쓰고 정작 재판 준비는 제대로 하지 않는 변호사가 너무도 많다.

손님은 왕이고, 고객은 갑이다. 하지만 법률 시장 소비자에게는 그런 말이 적용되지 않는다. 의뢰인은 상담 후 계약서 작성하고 착수금 송금할 때까지만 갑이다. 돈 보낸 순간부터 순식간에 변호사가 갑으로 변한다. 재미있는 일이다. 의뢰인에게 이런 이야기까지 다 해준다. 그래야 나도 모르게 내가 갑 변호사가 되지 않을 수 있다. 손해 보는 일 같지만, 멀리 보면 그게 이익이다. 남들이 그렇게 한다고 나도 생각 없이 따라 하면 안 된다.

더 어려운 일은 패소했을 때 발생한다. 모든 사건을 이길 수는 없다. 당연히 패소할 때도 있다. 실제로 사건 승패는 소 제기 전 이미 상당 부분 정해져 있다. 힘든 사건은 뒤집기 어렵다. 어찌 되었든 의뢰인에게 패소했다는 결과를 전해야 한다. 이유도 설명해야 한다. 불복하면 뒤집을 수 있는지도 알려줘야 한다. 모두 객관적이어야 한다. 미안한 마음에 지금 판결이 잘못됐으니 불복하면 이길 수 있다고 근거 없는 자신감을 불어넣으면 안 된다.

사실 패소 판결문을 읽어보면 감이 온다. 다시 싸우면 뒤집을 수 있을지, 아니면 가능성 희박한지. 패소 소식일수록 더 깔끔하고 객관적으로 신속하게 전해야 한다. 보수적으로 봐야 한다. 물론 쉬운 일이 아니다. 변호사에게나 의뢰인에게나 참으로 힘들고 민망한 순간이다. 하지만 그럴 때 더더욱 프로 의식이 필요하다. 껄끄러운 상황이라고 도망치면 안 된다. 오히려 더 당당하고 친절하게 고객을 대해야 한다. 마무리까지 깔끔해야 한다. 그래야 진짜 변호사다.

이성 천국, 감성 지옥

더 힘든 사건도 있다. 맞서 싸울 상대방이 너무 불쌍한 경우다. 매우 난감해진다. 우리 의뢰인은 피도 눈물도 없는 부자인데, 상대방 상황이 너무도 안타까울 때가 있다. 수입도 없고 모아놓은 재산도 없는데 가정사도 불행하고 집도 없고 신세 질 곳조차 없는 가여운 처지의 상대방. 힘의 균형은 애초부터 완전히 무너진 상태다. 인간이라면 연민을 느끼지 않을 수 없다. 하지만 부자 의뢰인은 끝까지 철저히 최강의 조치 취해달라고 요청한다. 여러분이라면 어떻게 할 것인가?

정답은 정해져 있다. 명심해야 한다. 변호사는 의뢰인의 소송대리인이다. 용병이다. 전문 싸움꾼이다. 마성의 미드 〈스파르타쿠스 Spartacus〉 속 검투사와 같다. 연민을 경계해야 한다. 감정을 억제해야 한다. 방해물이다. 감상에 빠질 수밖에 없는 성격이라면, 빨리 다른 직업으로 전향해야 한다. 변호사는 법과 규정에 따라 움직인다. 그게 시작이면서 끝이고 전부다. 마음 불편한 일도 해낼 수 있어야 한다. 변호사의 직업의식이다. 내 위치를 확실하게 알 수 있는 사람이라면, 변호사 해라.

독심술사

다른 직업도 그렇겠지만, 변호사는 특히 다른 사람 마음을 잘 읽을 수 있어야 성공한다. 뒤에서 자세히 살펴볼 '공감 능력'과는 다른 의미다. 우선 고객을 잘 관리해야 한다. 궁지에 몰린 의뢰인은 언제든 자기 변호사 등에도 칼 꽂을 수 있다. 어제 변호사에게 한 말과 오늘 하는 이야기가 다를 수 있다. 내일 얼마든지 또 다른 말을 할 수도 있다. 무턱대고 믿으면 큰일 난다. 의뢰인이 어떤 생각을 하고 있는지 잘 살펴보고 헤아리고 관리해야 한다. 그래야 소송을 제대로 마무리할 수 있다. 그게 의뢰인에게도 이익이다.

조직 구성원도 잘 챙겨야 한다. 직원 관리는 정말 중요하다. 사건을 처리하는 건 결국 사람이다. 충분한 역량을 가진 직원을 보유해야 한다. 그리고 의욕적으로 일하도록 만들어야 한다. 방법은 다양하지만, 가장 좋은 수단은 돈이다. 단순히 많이 주는 것도 중요하지만, 정확하고 공평하게 각자의 업무량과 성과에 따라 너너하게 충분히 보상해서 고마워하게 만들어야 한다.

구성원 사이 조화와 균형도 중요하다. 법조계 사람들은 특히 개성이 뚜렷하고 자존심 강하다. 성품의 문제가 아니다. 조직력 갖추는 게 쉬운 일이 아니지만 어떻게든 해내야 한다. 자기 마음은 잘 몰라도 다른 사람 마음은 읽어낼 수 있다면, 그런 눈치 정도는 있다면, 변호사에 적합하다.

미안합니다

지금까지 이야기한 것들을 모두 다 갖춰야 좋은 변호사가 될 수 있다고 이야기 하긴 했는데, 조금 걱정된다. 애초 생각과 달리 너무 높은 기준을 이야기한 것 같다. 이렇게 말해놓고 나를 돌아보니 민망해진다. 이런 요소를 다 갖춘 것처럼 오해하게 했다. 혼란을 드린 점 사과드린다.

이렇게 잘못했을 때 진솔하게 사과할 수 있는 용기와 배짱도 중요하다. 그걸 갖춘 사람만 좋은 변호사가 될 수 있다.

그래서 이제 결론을 말하겠다.

다 갖춰라.

공감 능력은
변호사의
필수 자질인가

왕가위 감독의 영화를 좋아한다. 장국영의 〈아비정전〉은 아련하다. 양조위와 장만옥의 〈화양연화〉는 시간이 흐를수록 더 좋아진다. 하지만 아직은 〈중경삼림〉이 최고다. 친구가 빌려준 VHS 비디오테이프(테입이라고 하면 그 느낌이 안 살아난다)로 본 이후 30년이 지나도록 여전히 내 인생의 영화다. 한참 후 재개봉했을 때 극장에서 여러 번 다시 봤을 정도다.

그 덕에 홍콩도 좋아한다. 설렘과 두려움을 안고 침사추이의 '청킹(중경)맨션重慶大廈'도 탐험했다. 〈영웅본색〉에 나온 빅토리아 피크 야경이 눈앞에 아른거리고, 현지인에게 끌려가서 반 강제로 먹은 이소룡의 '용화호텔' 비둘기 머리 고기도 잊을 수 없다. 최근 들어

중경삼림

정치적으로 시끄럽지만, 여행만 생각한다면 당장에라도 날아가고 싶다.

홍콩 친구들을 만나 중경삼림 이야기를 꺼낸 적이 있다. 호응을 자신했다. 아니 그런데, 어찌 된 영문인지 다들 시큰둥했다. 그런 구닥다리를 왜 좋아하느냐는 표정이었다. 빅뱅 태양의 팬이라 콘서트를 보러 한국에도 여러 번 온 젊은 여성의 반응은 그래도 이해할 수 있었다. 하지만 70년대 밴드 음악에 열광하고 취미로 한국 프라모델 사 모으며 멋있게 사는 열 살 많은 아저씨마저 왕가위를 외면하다니. 이럴 수가.

좋다. 중경삼림에 관심 없는 건 어쩔 수 없다 치자. 개인 취향이니까. 그래도 외국 손님 이야기에 호응 좀 해주지. 역시 가까이 있는 자기들 문화에는 관심이 덜 한가 보다. 내가 그들보다 조금 더 마음이 넓었다. 그래서 홍콩 친구들이 궁금해 한 빅뱅과 소녀시대 이야기를 나누게 됐다. 하트가 가득 담긴 그들의 눈동자를 바라보며 진지하게 말해줬다. 둘 다 한국에서는 한물간 지 오래라고. 실제로는 절정의 인기를 누리고 있었지만, 그냥 반발심에 그러고 싶었다. 서운해 하는 홍콩인들. 왕가위를 위한 소심한 복수였다.

사실 문화·예술에 대한 감상이나 평가는 각자 다를 수 있다. 강요할 수 없는 일이다. 하지만 사회생활 잘하려면 공감 능력은 어느 정도 필수다. 심리 검사 항목에서도 빠지지 않는다. 다른 사람 감정을 잘 느끼고 헤아려야 주변 사람과 쉽게 어울릴 수 있다. 역사를 잊은 민족에겐 미래가 없고, 공감 능력 없는 독불장군에겐 친구가 없다. 집, 직장, 학교, 학원, 교회, 성당, 절, 계, 군대, 경로당, 기원, 조기축구회, 각종 동호회 등 어디서나 그렇다. 언제부턴가 공감 능력이 떨어지는 사람은 인간성이 안 좋다고 비난받기 일쑤다. 공감 능력이 전부는 아닐 테지만 현실이 그렇다.

인간관계에서 공감 능력이 이렇게 중요하다면, 변호사에게는 어떨까. 앞 장에서 좋은 변호사가 되려면 어떤 걸 갖춰야 하는지 이것저것 알아봤다. 더 정확히 말하면, 그런 요소를 갖추고 있는 사람이 변호사로 성공할 수 있다. 따라서 애초부터 그런 사람들만 변호사 일을 시작해야 하다. 적성에 안 맞는 사람은 견디기 힘들다. 성공하기도 힘들다. 그렇다면, 다른 사람의 처지와 이야기에 흠뻑 공감하는 성격이 변호사 생활에 도움 되는 걸까?

그렇지 않다. 풍부한 공감 능력은 오히려 변호사 업무를 방해한다. 의뢰인은 늘 공감과 위로를 원하지만, 그게 반드시 좋은 결과로 연결되진 않는다. 그저 당장 심리적 안정감을 줄 뿐이다. 오히려 패소의 원인이 되기도 한다. 그런 사례를 계속해서 겪기 때문에 더더욱 사람을 대하는 감정이 무뎌진다.

소송을 준비할 때도 감정을 절제해야 한다. 꼭 필요한 말만 정확히 내놓아야 한다. 고객이 듣기 싫어하는 쓴소리도 할 수 있어야 한다. 그 말 한 마디가 고객을 살리기도 한다. 법정에서도 구질구질하게 감정에 호소하면 안 된다. 과도한 감정적 호소는 위험하다. 법리적으로는 딱히 할 말 없음을 인정하는 꼴이 될 수 있다. 때 이른 패배 선언으로 인정될 수도 있다.

예외도 있다. 이혼 사건은 다르다. 이혼 소송 서면은 한숨과 눈물이 섞인 하소연과 상대방 비방으로 채워진다. 나보다 상대방이 '더 나쁜' 사람임을 보여줘야 하기 때문이다. '유책주의有責主義'에 의한 현재 이혼 소송 구조상 어쩔 수 없다. 그래서 의뢰인 감정 관리가 중요하다. 의뢰인은 가사 소송을 염두에 두는 순간 혼란과 죄책감에 휩싸인다. 감정의 널뛰기를 피할 수 없다.

참을 만큼 참았고 더는 참을 수 없으니 바로 소송 시작하겠다고 의지를 불태우다가도, 곧바로 전화해서 아직 이른 것 같으니 조금 더 기다려보겠다고 한다. 그러다 얼마 후 그 나쁜 X를 용서할 수 없다며 바로 소송하겠다고 하고는, 다시 연락해서 최종 결심하기까지 시간 더 달라고 하는 무한 반복이 벌어지기도 한다. 괜찮다. 변호사라면 충분히 '공감'하고 이해해야 할 일이다.

가사 사건은 수임 후에도 신경 쓸 부분이 많다. 의뢰인의 정신 건강과 승소 의욕을 동시에 잘 관리해야 한다. 회의실에 늘 티슈를 비치해두는데, 가사 사건 의뢰인의 눈물을 닦는 용도다. 울분과 억울함과 하소연을 들어줘야 한다. 또한 반대로 상대방의 날카로운 서면을 받고 너무 충격 받지 않도록 해줘야 한다. 의뢰인이 지치면 소송 도중 갑자기 포기할 수도 있다. 그래서 변호사는 의뢰인 곁에서 의뢰인의 고통을 어느 정도 대신 흡수해줘야 한다.

한편 소송 종류를 불문하고 의뢰인의 특별한 사정을 함께 느끼고 받아들여야 좋은 변론을 펼칠 수 있다. 기본 중 기본이다. 하지만 의뢰인의 감정에 빠져 들어 마치 변호사 자신이 당사자인 것처럼 굴면 안 된다. 의뢰인의 감정을 그대로 전달하는 건 의미 없다. 변호사는 심리상담사가 아니라 대신 싸워 이겨주는 사람이다. 변호사에게 공감은 목적이 될 수 없다. 이기기 위한 수단이다. 의뢰인이 지치지 않도록 관리하면서 어떻게든 이기는 길을 찾아내야 한다. 변호사는 의뢰인 대신 멀리 봐야 한다. 냉정하게 소송에서의 유불리를 따져 의뢰인을 이끌어야 한다.

다시 내 인생의 영화 중경삼림 이야기다. 애인(주가령)이 떠나자 경찰 663(양조위)은 비누, 금붕어, 곰 인형, 젖은 수건에 말을 건다. 경찰 223(금성무) 역시 실연당한 후 파인애플 통조림에 내 마음 좀 알아달라고 호소한다. 하지만 대화 시도는 일방적이다. 공감을 구하지만 안타깝게도 공감 받지는 못한다. 그런데 생각하지 못한 곳에서 교감이 이루어진다. 시끌벅적한 '캘리포니아 드리밍California Dreaming' 음악 소리와 함께 깡마른 페이(왕정문)가 등장한다. 지쳐 쓰러지기 직전인 금발 마약상(임청하)도 하필이면 딱 그 순간 바에 들어와 짧지만 강렬한 시간을 보낸다.

역시 진정한 공감은 억지로 만들어낼 수 없다. 자연스럽게 이루어진 공감이어야만 의미 있다. 남들이 뭐라 하든 상관없다. '공감 능력'이란 유행어에 얽매일 필요도 없다. 눈치 보지 말고 자기 스타일대로 가야 한다. 변호사라면 더더욱 그렇다. (그래도 중경삼림에 관심 없는 홍콩 친구들은 여전히 이해 안 된다. 공감 능력도 없는 사람들. 다시 만나면 꼭 따져 묻겠다. 빅뱅 최근 소식을 전하면서.)

앞서 얘기했듯 보통의 변호사에게 높은 수준의 공감 능력은 필요 없다. 오히려 업무에 방해만 된다. 그저 일반적인 수준만 되면 충분하다. 물론 특수한 영역에서 자신을 희생하는 변호사에게는 약자에 대한 공감이 필수다. 하지만 그렇게 보였던 법조인 중 상당수는 이미 국회에 가 있다. 무엇을 위해서인지는 여전히 알기 힘들지만, 누구보다 적극적으로 싸움질에 앞장서고 있다.

국회 입성에 실패한 사람들도 여전히 여의도 언저리를 맴돌고 있다. 방송 출연을 갈망하며 연줄에 기대기도 한다. 이들은 타인에 대한 공감 능력이 뛰어났던 게 아니다. 자기 자신의 출세욕, 명예욕과 정치적 욕망에 셀프 공감했을 뿐이다. 위선이다. 사람이 싫어진다.

변호사는 그렇고. 그럼 판사는 어떨까? 판사는 변호사와 비교할 수 없을 정도로 공적인 지위에 있다. 그런 판사의 공감과 동정심은 변호사에게 큰 부담이 된다. 특히 한 쪽에만 변호사가 없을 때, 과도하게 끼어들어 그쪽만 편 들어줄 때가 있다. 과연 헌법과 법률에 따른 공정한 재판인지 의문이다.

물론 그런 판사 입장도 아주 살짝 이해되기는 한다. 변호사 없이 직접 일 처리하는 사람 중 상당수는 법원의 경계 인물이기 때문이다. 밥 먹듯 소송 거는 사람, 법정에서 행패 부리는 사람, 은근히 판사 협박하는 사람, 잘못 걸리면 민원 폭탄 투하하는 사람, 법원 문 앞에서 상여 메고 장송곡 틀어 놓고 전단지 뿌리는 사람, 망상에 빠져 홀로 세상과 싸우는 사람 등등. 법원 주변에는 이상한 사람이 참 많다.

그래서 트집 잡히지 않으려고 특별히 다독이고 친절히 대해주는 사건도 없지 않다. 동정심이라기보다 자기방어다. 절차상 편의 제공과 친절이 승소를 의미하지도 않는다. 패소할 당사자가 불만 느끼지 않도록 자상한 표정 지어주는 판사도 있다. 하지만 간혹 실제로 판사 개인의 정의 감정을 드러낼 때도 있다. 돈 없고 형편 어려운 사람 조금 도와준다는데 뭐가 문제냐는 생각일까.

하지만 영 이상하다. 결코 공정하지 않다. 귀찮아지기 싫어서 더 잘 대해주면 안 된다. 그걸 반대쪽에서 바라볼 수밖에 없는 상대방은 무슨 잘못인가. 예전에는 접촉사고 나면 목소리 큰 사람이 이긴다는 인식이 있었다. 그로 인해 불필요한 다툼과 혼란만 불러왔다. 사고 나면 경찰 입회하에 보험사 불러서 깔끔히 처리하면 된다. 과실비율은 목소리 크기와 관계없어야 한다. 재판도 마찬가지다. 판사는 언제나 객관적이어야 한다. 감정에 휘둘리면 안 된다. 누구를 우대하면 안 되고, 특별히 불리하게 대해도 안 된다. 판사의 개인감정이 재판 승패에 영향을 주면 안 된다.

물론 현실은 그렇지 못하다. 특히 소비자 사건에서 더 그렇다. 일단 기업은 나쁜 놈으로 매도된다. 소비자는 선량한 피해자로 인식된다. 실제 사례다. 어떤 사람이 신차를 구매했다. 얼마 지나지 않아 고장 나서 무상 수리했는데, 곧 다시 고장 일으켰다. 환불을 요구했지만, 제조사는 법령을 근거로 거절했다. 소비자는 분개했다. 거듭된 요구와 거절을 겪으며 이미 감정은 상할 대로 상했다. 그래서 소송을 걸었다. 이 정도면 선악 구도가 분명해 보인다. 선량한 소비자의 권리를 침해한 악덕 기업 사건이다. 원래 부자가 더 한 법이니까.

그런데 여기에 이런 이야기를 덧붙이면 어떻게 느껴질까. 그 소비자는 제조사 콜센터에 쉴 새 없이 전화했다. 아무 잘못 없는 상담원들에게 수백 차례 욕설을 퍼부었다. 집요하고 악의적이었다. 성희롱과 폭언도 반복됐다. 충격 받은 상담원들이 줄줄이 퇴사했다. 전부 다 녹음됐다. 녹음 파일을 보내주며 직접 들어보라고 했다. 하지만 그에 대해서는 사과 한마디 없었다. 너무도 당당했고, 욕설과 성희롱은 계속됐다.

소송이 시작됐다. 잘 준비했고 승소를 위해 최선을 다했다. 물론 그 소비자에게도 변호사가 있었다. 하지만 법정 대응과 별개로 여러 사이트에 악담을 남겼다. 나는 돈 많은 악마를 위해 일하는 앞잡이 취급을 받았다. 유명한 자동차 전문 커뮤니티에도 억울함을 호소했다. 정의로운 네티즌들이 비난에 동참했다. 일부 글은 아직도 남아있다.

판사에게도 대기업은 죄인이었다. 다짜고짜 첫 재판부터 기업의 사회적 책임을 거론했다. 의아했다. 잘잘못을 따지기보다 원만하게 절충점을 찾는 조정기일이었다면 충분히 이해한다. 하지만 법적 결론을 찾아가는 변론기일에 꺼낸 첫마디가 사회적 책임이라니. 은근한 압박으로 느껴졌다.

반대로 보면, 회사가 승소할 사건이기 때문에 그런 말을 꺼냈을 거다. 아무래도 소비자가 질 것 같은데 돈 많은 대기업이 조금 양보해서 적당히 끝내는 게 좋지 않겠느냐고. 그러면 나도 판결문 안 써도 되고 모두가 행복하다. 돈 좀 줘도 그게 회사 돈이지 담당 직원 개인 돈도 아니고. 뭐 대략 그런 뜻 아니었을까. 그러나 회사는 양보하지 않았고, 기대했던 대로 승소했다. 소비자는 항소했다.

그런데 예상하지 못한 일이 생겼다. 소비자가 말기 암 시한부 판정을 받은 것이다. 암 중에서도 생존율이 낮기로 유명한 암이었다. 법정에서 본 얼굴색이 흙빛이어서 좀 이상하다고 생각했지만, 그런 중병일 줄은 꿈에도 몰랐다. 커뮤니티에 새로 올라온 글을 읽으며 착잡했다. 마음속에 작은 동요가 일었다. 하지만 일은 일이었다. 의뢰인이 원하는 대로 끝까지 정확하게 대응했다. 대법원까지 갔지만 모두 이겼다. 대기업의 승소가 확정됐다.

지금도 가끔 이 사건의 기억이 되살아난다. 그때 판사의 재판 진행은 타당했나. 변호사로서 어떻게 해야 했나. 특정 사건 하나만을 가지고 어떤 사람을 제대로 평가할 수 있을까. 애매하다. 누구에게나 잘한 일과 잘못한 일이 있다. 복잡하게 섞여 있기 마련이다. 선과 악의 경계는 생각보다 모호하다.

세상에 완벽한 악인은 존재하지 않는다. 마찬가지로 순수한 선인도 없다. 우리 모두 회색 지대에 위치한다. 나도 그렇고 여러분도 마찬가지다. 완벽한 흑 또는 백에 위치하는 사람이 과연 있을까. 적어도 아직은 직접 만나보지 못했다. 아무리 잔혹한 연쇄 살인마일지라도 어제 옆집 할머니가 힘들어 보여서 시장바구니를 대신 들어줬을 수 있다. 여러 집 망쳐놓은 파렴치한 다단계 사기범이지만 순수한 마음으로 자선단체에 큰돈을 기부했을 수도 있다.

스무 명이나 끔찍하게 죽이고 사형이 확정된 최악의 연쇄살인범 유영철. 그 사건 판결문을 읽으면서 인간의 잔혹함과 사악함에 두려움을 느꼈다. 유영철은 사형 확정 후에도 다른 재소자와 싸우고 교도관의 목을 졸라 징벌을 받았다. 교화가 불가능하다. 반성을 기대할 수 없다.

하지만 이런 유영철도 자기 아들은 한 번도 때리지 않았다. 자신은 어린 시절 아버지에게 학대를 당했음에도 자식은 건드리지 않았다. 과거 배우자를 못살게 굴기는 했지만, 폭력적이진 않았다. 2003년 11월 혜화동 살인 사건 당시, 87세 할아버지와 53세 파출부를 둔기로 끔찍하게 살해하고 불까지 질렀는데, 당시 현장에 함께 있던 피해자의 손주는 해치지 않고 놔뒀다. 이불과 포대기에 싸여 상처 없이 발견됐다.

물론 '악마'라는 표현이 지나치지 않은 흉악한 범죄자다. 하지만 유영철 역시 평면적이지 않다. 사람은 복잡하다. 성석제의 단편소설에 자주 언급되듯, 세상에 단순한 사람은 없다. 그래서 이 세상은 쉽지 않다. 단순한 시각으로 바라보면 틀릴 수밖에 없다. 변호사는 다른 사람의 분쟁에 관여한다. 따라서 더더욱 세상만사 단순하게 보면 안 된다. 별걸 다 꼬아 보고 왜 그리 깐깐하게 따지느냐는 핀잔은 변호사에게 큰 칭찬이다. 지금 일 제대로 하고 있다는 강력한 증거다. "게임 참 뭣 같이 하네."라는 말은 "너 게임 정말 잘한다. 나는 너 도저히 못 이기겠다."는 뜻이다.

사건을 바라보는 각도에 따라 평가가 달라진다. 언제 판단하는지에 따라서도 결과가 달라질 수 있다. 내가 어느 쪽에 서는지에 따라 모든 게 달라진다. 같은 의료소송이어도 입장이 매번 달라진다. 환자를 대리한 어제 재판에서는 의료인이 얼마나 이기적인 사람인지, 환자의 권리가 얼마나 제한되는지, 의협이 진료기록 감정할 때 얼마나 동료 의사 편만 드는지 고려해달라고 호소한다.

하지만 병원을 대리한 사건에서는 반대로 환자가 의사의 과실을 증명해야 한다고 목소리 높인다. 어쩔 수 없다. 변호사는 의뢰인을 위해 일한다. 정해진 입장은 없다. 그때 다루는 한 건, 한 건의 개별적인 사건이 있을 뿐이다. 사건이 싫다. 그래서 사람이 싫다.

—— 실수는
—— 나의 힘

살짝 걱정된다. 지금까지 쓴 내용을 그냥 둬도 괜찮을까. 혹시라도 내가 언제나 빈틈없는 사람인 것처럼 보이지는 않을까. 냉철하고 꼼꼼해서 찔러도 피 한 방울 안 나올 듯한 사람으로 느껴지지 않을까. 하지만 그럴 리 있겠나. 모든 사람에게는 허점이 있다. 누구나 실수를 범한다. 나 역시 마찬가지다. 틀린 걸 또 틀린다. 같은 일로 다시 후회한다. 되도록 티 내지 않고 감추려 노력할 따름이다.

내세울 게 별로 없지만, 그나마 하나 좀 괜찮은 게 있다. '주제 파악' 능력이다. 내가 못 하는 일, 하기 싫은 일, 남보다 부족한 부분이 뭔지 정도는 그래도 안다. 그래서 그걸 보완해줄 사람들과 함께한다. 일도 나누고 수익도 나눈다. 실적도 나누고 책임도 나눈다. 나르시시스트가 득실거리는 법조계에서 제정신 유지하는 건 생각보다 어렵다. 말도 안 되는 소송 일삼으며 의뢰인 신세 줄줄이 망치는 변호사도 자기 스스로 '슈퍼스타'라 칭하는 곳. 그게 바로 이곳 변호사 업계다.

정작 본인은 손가락질당하는 줄도 모른다. 법조계를 넘어 온라인 공간에서 비웃음거리 된 지 오래인 것도 알지 못한다. 무서워서 피하는 게 아니다. 엮이면 시간 낭비되니까 참는 거다. 그런데 사실 참고맙다. 다른 변호사에게 쉽게 돈 벌 기회를 주는 귀인이다. 앞으로도 계속 상대방으로 만나고 싶다. 함께 일하는 이세돌 9단의 말로 잘못 알려진 표현을 빌리자면, "자신이 없다. 질 자신이."(사실 이 표현은 와전된 것이다. 이세돌 9단은 직접 그런 말을 한 적이 없다.)

가끔 일하다 힘들면 그런 변호사들 얼굴을 떠올린다. 정신이 번쩍 든다. 나는 적어도 저렇게 쓰레기 취급을 받지는 말아야지. 망신당하지 말아야지. 매일 다짐한다. 거기에 더해 약간의 감각도 필요하다. 즉, 단점이 단점으로 보이지 않도록 잘 포장해야 한다. 약점이긴 하지만 쉽게 드러나지 않도록 만들어야 한다. 입사 지원할 때 자기소개서를 쓰는데, 자유 형식일 때도 있지만 문항이 정해진 회사도 있다. 20년 가까이 지난 지금도 기억나는 한 회사의 공통 질문이 있다. "당신의 단점은 무엇인가?"

고민했다. 실제 단점을 적으라는 말은 아닐 텐데, 그렇다고 내 단점을 솔직하게 나열하면 누구도 나를 뽑지 않을 거다. 나 같아도 나를 면접장에 부르지 않을 것 같았다. 그럼 어떻게 해야 하지? 이어

중경삼림

지는 질문에 힌트가 있었다. "그리고 그 단점을 어떻게 극복하였는가?"

방향이 보였다. 그래, 단점인 듯 보이지만 실제로는 단점이 아닐 수도 있는 걸 단점인 것처럼 적고, 그걸 극복하고 큰 성과로 바꾼 스토리를 적으면 되겠구나! 내가 꽉 막힌 사람이 아님을 보여주려 했다. 나를 안 뽑으면 회사만 손해라고 느끼게 하려 했다. 결과는 좋았다. 이렇듯 한 줄의 평범한 질문으로도 융통성을 확인할 수 있다.

그런데 A를 물어본다고 A 하나만을 떠올려서 결론 내고 그 결론만 머리에 담은 채 앞만 보고 움직이는 사람도 있다. 그건 타고난 성격이다. 변호사와 어울리지 않는다. 아마도 더 좋은 다른 길이 있을 거다. 좋은 변호사라면 이래야 한다. A에서 시작해서 B, C, D도 가야 하고, a, b, c도 건드려봐야 하고, 상황에 따라서는 ㄱ, ㄴ, ㄷ은 물론 α, β, γ에 Ω까지 떠올려야 한다.

그때만 해도 지원자였는데, 이제는 사람을 선발하고 있다. 어떤 조직에 속해있는 직원은 다양한 방향에서 생각하고 검토할 줄 알아야 한다. 의욕과 책임감 문제이기도 하다. 회사는 언제나 유연한 신입 직원을 원한다. 따라서 취업하려면 내가 바로 그 회사가 원하는 사람이라는 것을 보여줘야 한다. 하지만 오해하면 안 된다. 신뢰가 우선이다. 과하게 튀면 안 된다. 회사는 믿을 수 있는 사람 중에서 융통성 있는 사람을 원한다. 뒤통수칠 것 같은 사람은 선택받지 못한다. 배신자는 반드시 또 배신하기 때문이다.

갑자기 취업 가이드가 됐다. 내가 범한 실수를 말하려고 시작했는데 또 잘한 일을 꺼내고 말았다. 약해 보이면 안 되고 모르는 것처럼 보여서도 안 되는 직업이다 보니 이런 습관이 생겨버렸나 보다. 너그러이 이해해주시길 부탁한다. 이미 말했듯 나 역시 그동안 많은 실수를 범했다. 당연한 일이다. 실수 안 하는 사람이 어디 있겠는가. 그리고 다행히 그 많은 실수 가운데 대부분은 이미 잊었다. 누구 말대로 "망각은 신의 선물"이다. 다 기억한다면 괴로울 거다. 실패와 실수를 다시 떠올리는 건 쉬운 일이 아니다. 그동안 여러 웃지 못할 해프닝이 있었다.

오탈자

허술해 보이는 게 싫다. 오탈자 때문에 우습게 보일까 걱정돼서 늘 신경쓴다. 하지만 이런 촌극도 겪었다. 예전 직장에서 외국인을 자주 상대했다. 주로 서양 변호사들이었는데, 가끔 우리나라를 방문해서 사건 협의하고 돌아갔다. 이메일도 거의 매일 주고받았다. 퇴근 전 보내면 밤새 상대방이 확인해서 답장 보내고 내가 다음 날 출근해서 읽었다. 시차 때문이었다.

외국어 사용하는 업무에 익숙하지 않아서 최대한 짧게 썼다. 선배가 알려준 대로 늘 정해진 문구로 시작했다. "Thank you for your message last night." 어젯밤 이메일 잘 받았다는 뜻이다. 그런데 딱

한 글자 잘못 적어서 완전히 망했다. "Thank you for your massage last night." 어젯밤 마사지 고맙게 잘 받았다. 심지어 며칠 전 만났다 헤어진 노르웨이 여자 변호사였다.

요즘에는 문자메시지나 카카오톡을 보낼 때 자동 완성 기능이 문제가 되곤 한다. "합니다." 대신 "합디다."로 보낸 것 정도는 애교다. "사용하시면 됩니다."를 적으려다 이유를 알 수 없게도 "사랑하시면 됩니다."가 입력됐다. 그 앞 단어까지 합하면 더 민망해진다. "마음 대로 사랑하시면 됩니다."라니… 실수 없이 보내려 노력하지만, 재판이나 회의 중에도 급하게 문자 보낼 때가 있어서 가끔 이런 해프닝도 생긴다.

"어이 젊은 친구, 신사답게 행동해."

예전 일이다. 상대 변호사와 거칠게 싸웠다. 마치 당사자인 것처럼 서로 사생결단이었다. 하지만 우리는 대리인일 뿐이다. 소리 지른다고 소송에 도움 되는 것도 아니다. 목소리 크다고 이길 수도 없다. 판사도 좋지 않게 본다. 물론 세상에서 공부가 가장 쉽다는 싸움닭 변호사 상대할 때는 적절히 대응해야 한다. 그렇지 않으면 의뢰인이 실망한다. 내 기분도 더러워진다. 상대방이 제정신 아닌 경우도 그렇다. 더 강하게 격렬히 상대해야 그나마 조용해진다.

그런 특이한 경우를 제외하면 최대한 신사적으로 대한다. 하지만 혈기 넘치던 시절에는 맹렬히 덤벼들며 불필요한 공격을 감행했다. 경험 부족이었다. 적당히 세련되게 할 수 있었는데. 이제라도 용서를 구한다. 영화 〈타짜〉에서 곽철용(김응수)이 고니(조승우)에게 한 '신사답게 행동하라'는 경고는 실제로 나같은 변호사에게도 피가 되고 살이 되는 이야기였다.

그때는 재판에서도 일희일비했다. 판사의 작은 동작에도 의미를 두고 반응했다. 조금이라도 밀리지 않으려고 신경을 곤두세웠다. 하지만 지금 되돌아보면 큰 의미 없는 일이었다. 재판 분위기와 정반대인 판결도 자주 나온다. 얼마 뒤 패소 판결을 받아들 당사자에게 절차적 만족감이라도 줘서 불만을 잠재우기 위한 판사의 기술 아닐까.

보이는 게 전부가 아니다

공인중개사에게는 중개 보수 요율표가 있다. 방송 출연료도 방송사별로 단가가 정해져 있다. 최저임금은 아예 법으로 정해진다. 하지만 변호사 수임료는 기준이 없다. 대략의 시장 기준이 있을 뿐이다. 쉽게 오르지도 않는다. 지금은 10년 전보다 오히려 내려갔다.

한 남루한 차림의 할머니였다. 낡고 해진 배낭을 메고 들어왔다. 특이하게 배낭을 꼭 끌어안고 앉긴 했지만, 딱히 이상한 사람은 아닌 듯 했다. 들어보니 충분히 시작해볼 만한 사건이었다. 문제는 수임료였다. 인정이 발동했다. 최소 수준보다 훨씬 낮은 금액을 제시했다. 그것도 조심스럽게. 도와드리려는 생각이었다.

그런데 할머니가 즉각 반응했다. 곧바로 손이 배낭으로 들어갔다. 세계에서 가장 빠르지만 스타트는 느리기로 유명한 육상 선수 우사인 볼트보다 약간 빠른 반응 속도였다. 그리고 5만 원권 현찰 뭉치를 끄집어냈다. 해진 배낭은 돈 가방이었다. 보이는 게 전부가 아니다. 성급하게 넘겨짚으면 안 된다. 할머니는 부동산 부자였다.

인간은 완벽할 수 없다. 하지만 실수를 최대한 줄여야 한다. 하나씩 고쳐 나가야 계속 발전할 수 있다. 기형도의 시나 박찬옥의 영화 제목에도 쓰였듯 '질투는 나의 힘'인 것처럼, 실수도 내게는 힘이 될 수 있다.

변호사는
글 쓰는 사람

맞춤법 책을 읽어도 그때뿐이다. 틀린 걸 또 틀린다. 국립국어원 홈페이지를 하루에도 여러 번 드나들지만 쉽지 않다. 늘 비슷한 걸 헷갈려서 허탈해진다. 하지만 할 말이 없진 않다. 우리말 참 어렵다. 제대로 쓰려고 고민할수록 더 어렵게 느껴진다.

　예를 들면 이렇다. '빚쟁이'라는 단어는 상당히 익숙하다. 여러 번 들어봤을 거다. 그런데 정확한 의미가 뭐지? 돈 빌려준 사람을 뜻하는 것일까? 아니면 돈 빌린 사람을 말하는 것일까? 돈을 빌려주면 채권자, 빌리면 채무자다. 채권자와 채무자는 정확하게 반대 의미다. 그렇다면 '빚쟁이'는 채권자인가 채무자인가? 헷갈린다. 표준국어대사전을 찾아봤다.

빚-쟁이 〔빋쨍이〕 | 명사

1 남에게 돈을 빌려준 사람을 낮잡아 이르는 말.

    예문) 빚쟁이에게 시달리다.

2 빚을 진 사람을 낮잡아 이르는 말.

    예문) 소를 사육했다가 하루아침에 빚쟁이가 된 농민들.

이럴 수가. 빚쟁이는 채권자이기도 하고 채무자이기도 하다. 아니 대체 어쩌라는 건가. 물론 문맥을 통해 구분할 수는 있다. 하지만 아무리 그래도 한 단어가 정반대 의미를 지니다니, 헷갈릴 수밖에 없다. 이게 전부가 아니다. 이번에는 '빚잔치'다.

빚-잔치 〔빋짠치〕 | 명사

1 부도나 파산 따위로 빚을 갚을 능력이 없을 때, 돈을 받을 사람에게 남아 있는 재산을 빚돈 대신 내놓고 빚을 청산하는 일.

    예문) 계속되는 경기 불황으로 김 씨는 폐업을 결정했고 빚잔치를 했으나 다 갚지는 못했다.

2 갚을 형편이 되지 못함에도 과도하게 빚을 끌어다 쓰는 일을 비

능력 없이 빚 얻는 것도 빚잔치요, 빚이 과해 다 갚지 못하고 청산당하는 것 역시 빚잔치다. 우리말 참 어렵다.

하지만 아무리 그렇더라도 변호사는 글을 잘 써야 한다. 그 글을 통해 다른 사람을 설득해야 한다. 읽는 사람이 글의 의미를 쉽고 정확하게 이해할 수 있으면 그거 잘 쓴 글이다. 하지만 그게 말처럼 쉽지 않다. 변호사 일 오래 한 사람도 중언부언할 때가 많다. 일단 생각나는 대로 신나게 써 내려가서 분량 채운 후 뺄 거 빼는 방식은 안 된다. 위험하다. 꼭 해야 하는 말, 결론을 먼저 확정하고, 그 주장이 설득력을 가질 수 있도록 증거와 근거를 찾아 넣고, 그것만으로 잘 전달되지 않을 수 있으니 친절하게 설명 붙이고, 이것들을 논리적으로 배치해야 한다.

다른 변호사의 법률 서면을 읽고 충격 받을 때가 있다. 너무 잘써서. 그런데 사실 서면의 질은 그 사건의 유불리에 따라 달라진다. 이길 사건은 글도 잘 써지고, 누가 읽어도 쉽게 수긍된다. 반면 이기기 어려운 사건은 아무리 노력해도 어딘가 만족스럽지 못하다.

변호사는 고민을 거듭해서 조금이라도 더 매끈하게 만들어야 한다. 머릿속에 아무리 많은 법률 지식과 판례 정보가 들어있어도, 그걸 말과 글로 잘 표현해서 판사에게 제시하지 못하면 아무 소용없다. 그래서 우리말, 우리글에 관심 많은 사람이 좋은 변호사가 될 수 있다. 어느 정도는 타고나야 한다. 더 솔직히 말하면, 태어날 때 가지고 나온 능력이다. 타고나지 못했다면 어릴 때부터 책이라도 많이 읽어야 한다. 준비 없이 성인이 된 다음에는 따라잡기 어렵다. 아무나 김연아, 차범근, 박찬호가 될 수 없다. 엄청난 노력은 기본이고, 애초에 탁월한 재능이 있어야 한다.

그런 한편 변호사는 이런 역설적 상황도 인식하고 잘 극복해야 한다. 객관적인 분석 결과를 솔직하게 알려주고 그 전제에서 능력껏 최선을 다하는 성실한 변호사는 안타깝게도 수임 경쟁에서 밀린다. 반면 내용은 하나도 없이 말만 앞세우는 사기꾼 스타일 변호사가 일단 사건을 따간다. 즉 재판 실력에 따라 변호사의 실적과 수입이 결정되지 않는다. 공부 잘한다고, 글 잘 쓴다고 돈이 자연스럽게 들어오진 않는다. 실제 일 맡겨보기 전에는 업무 능력을 비교해 볼 수 없기 때문이다. 예전에 이휘재가 나왔던 MBC〈일요일 일요일 밤에〉'TV인생극장'처럼 동시에 두 명의 변호사에게 순서대로 맡겨볼 수 없다. 일단 처음 선택한 그 변호사와 진행할 수밖에 없다.

물론 변호사 업계에도 소비자 의견이 있고 SNS에도 여러 글이 올라온다. 평가가 쌓이면 평판이 되므로 길게 보면 솔직한 사람이 잘 될 수 있다. 하지만 그때까지 버틸 수 있겠는가. 그 전에 망해버릴 수도 있다. 그래도 최근에는 일 진행하다가 영 아니다 싶으면 환불받고 다른 변호사에게 가는 경우가 늘고 있다. 문제는 환불도 제대로 안 해주고 버티는 변호사도 그만큼 늘고 있다는 점. 다른 변호사가 실수하기를 기다렸다 물어뜯는 샤크Shark 변호사가 나올 날이 머지않았다.

송무를 주로 하는 변호사는 챙겨야 할 게 많다. 경영자로서 회사를 운영하는 동시에 공부도 계속해야 한다. 이 직업의 핵심은 지식 업데이트다. 나 혼자 직접 다 할 수 없다면, 젊고 똑똑한 변호사로 보충해야 한다. 인간의 한계를 인정하고 그에 대비해야 경쟁에서 이길 수 있다. 물론 상대 변호사가 실수하거나 제대로 일 안 해서 어부지리로 좋은 결과 얻을 때도 있다. 반대로 내가 그런 꼴 당할 수도 있다. 하지만 간혹 나오는 이상한 판결은 대체로 상소심에서 바로잡힌다. 크게 기대하면 안 된다.

지금도 착각하고 있는 변호사가 적지 않다. 특히 이제 막 변호사 자격 취득하고 첫 직장 구하는 변호사들이 그렇다. 그동안의 시행착오를 교훈 삼아 신입 변호사에게 가장 먼저 물어보는 말이 있다. 당신은 왜 이 직업을 택했는가. 무엇을 목적으로 하는 변호사가 되고 싶은가. 돈인가 명망인가. 안락함인가 마음의 평온인가. 계좌 잔액인가 주변의 존경인가. 성공은 목표 설정에서 시작된다. 그리고 목표는 고민을 통해 결정된다. 고민해야 성공할 수 있다. 그 고민은 깊고 진지하고 치열해야만 한다.

선 넘지
마라

변호사는 판단하는 사람이 아니다. 판단 받고 평가 받는 사람이다. 설령 놀 거 못 놀고 연애도 못 하고 여행도 못 가면서 힘들게 공부해서 변호사 배지 달았다 할지라도, 자기 자신을 너무 대단한 사람으로 착각하면 안 된다. 혹시라도 주제 파악 못 할까 두려워 스스로 채근하는 말이지만, 이건 나뿐만 아니라 판사, 검사 출신을 비롯해 다른 모든 변호사에게도 마찬가지다. 변호사는 나의 주장이 받아들여지길 초조하게 기다린다. 고개 뻣뻣하면 변호사 인생 고달파진다. 변호사는 법정에서 늘 고개 숙여 판단을 구한다. 누구에게? 당연히 판사다.

판사는 심판이다. 치우침 없이 공정해야 한다. 그래야 당사자들이 결과에 승복할 수 있다. 하지만 고개 갸웃하게 될 때도 있다. 지금 기준으로 청구액이 3천만 원 이하인 사건을 소액사건이라 한다. 예전에는 2천만 원이었던 기준이 2016년에 올라갔다. 사회 변화를 반영해서 그나마 조정되긴 했지만, 이 정도 돈을 소액少額이라 부르는 게 옳은지 모르겠다. 이 기준이라면 1년 연봉이 소액인 경우도 적지 않다. 기분이 좋지 않을 수 있다.

소액사건은 특별히 처리된다. 청구액이 적다고 대충 처리하느냐는 비판도 있지만, 재판을 한 번만 열고 증인 신청도 거의 안 받아준다. 가족이 변호사처럼 소송대리인이 될 수 있다. 변론 종결 후 즉시 판결 선고하기도 한다. 놀랍게도 판결문에 이유를 기재하지 않을 수도 있다. 그래서 도대체 왜 겼는지도 모르고 패소 판결 받을 때도 많다.

소액사건 재판은 대단히 많다. 하지만 그걸 다루는 판사는 부족하다. 오죽하면 소액사건은 야간이나 공휴일에도 재판 열 수 있다는 특별한 규정까지 생겼을까. 재판 일정도 빽빽하게 잡힌다. 3분 단위로 사건이 몇 개씩 동시에 잡히기도 한다. 보통 오전 10시에 재판 시작하는데, 10시 정각에는 몇 주 전 이미 재판 끝난 사건 선고를 하고, 직후에 바로 세 건, 10시 3분에 또 세 건, 6분에도 또…, 뭐 이런 식이다.

이 정도면 사실상 지키는 게 불가능한 일정이다. 누구보다 판사 본인이 가장 잘 알 거다. 아무튼, 시간 맞춰 나간 변호사는 하염없이 기다린다. 한참 대기해야 차례가 돌아온다. 식당, 병원, 미용실에는 이미 정착한 지 오래인 예약 문화이지만, 어찌 된 게 법원은 아직 멀었다.

이런 소액재판도 민사소송이므로 원고와 피고가 대립한다. 판사는 원피고 사이의 심판이다. 복싱이나 이종격투기 경기에는 주심과 부심이 있다. 주심은 반칙을 가려내는 등 경기를 진행하고, 부심은 양 선수의 점수를 매긴다. 판사는 주심인 동시에 부심이다. 진행도 하고 채점도 하고 승자 손도 직접 들어준다. 그 힘은 막강하다.

판사의 권한 중 '석명권釋明權'이란 게 있다. 한쪽이 제대로 말하지 못하거나 말하지 않으면 제대로 밝히도록 요구하는 거다. 정확한 결론을 얻기 위한 제도이니 취지는 좋다. 일부러 시간 끄는 변호사를 응징할 수도 있다. 하지만 애초 취지와 달리 어느 한 편에 유리하게 작용할 때도 있다. 특히 한쪽에만 변호사가 없을 때 판사가 사실상 변호사 노릇을 해주기도 한다. 그렇게 억지로 균형 맞춰주는 게 법관이 추구할 형평이고 정의인지는 잘 모르겠다. 가장 흔한 유형인 대여금 사건을 통해 알아보자.

돈을 빌렸으면 갚아야 한다. 당연한 일이다. 하지만 일정 기간이 지나면 갚지 않아도 된다. 채권의 소멸시효 때문이다. 이러면 채권자는 억울해진다. 빌려줬는데 돌려받을 수 없다니. 하지만 오래 내버려뒀기 때문에 그에 따른 불이익을 입는 거다. 그런데 중요한 게 있다. 법원이 알아서 소멸시효를 챙겨주지 않는다. 채무자가 일단 소멸시효를 주장해야 법원이 인정할 수 있다. 당사자가 주장조차 하지 않으면 판사는 인정할 수 없다. 판단해서도 안 된다. 이게 민사소송의 대원칙인 '변론주의^{辯論主義}'다. 그래서 법을 잘 모르면 갚지 않아도 되는 예전 채무까지 다 갚게 될 수 있다. 일단 그렇게 판결이 확정되면 되돌릴 수 없다.

소액재판 중 상당수는 대부업체 사건이다. 직접 본 상황을 재구성해봤다.

원고(대부업체) 변호사: 이러저러해서 원금에 이자 더해서 이만큼 받아야 합니다.

피고(채무자): (판사 앞에서 죄인처럼 고개를 조아리며) 판사님 죄송합니다. 사실 제가 얼마 전에 아는 형님한테 사기를 당했고요, 작년에 이혼해서 치매 걸린 팔순 노모 혼자 모셔야 하고, 너무 힘들어서 애들 학원도 다 끊었고요, 일자리가 없어서 지금 급하게 뭐라도 찾고 있어요. 당연히 다 갚아야죠. 하지만 요새 당뇨에 간경화에 건강도 안 좋아서 신경을 못 쓴 거지 일부러 안 갚은 건 아니고요. 그리고 또….

판사: 아하. 피고. 지금 '소멸시효 항변' 하신 거죠?

피고: 네? 그게 무슨 말인지…, 아닙니다. 판사님에게 항변이라니요. 절대 아닙니다. 제가 그럴 리가 있겠습니까.

판사: 아~ 네. '소멸시효 항변' 했네요? 조서에 적겠습니다. 피고, 소. 멸. 시. 효. 항. 변. 하. 다.

피고: (눈치 살피며) 아…, 그…, 네네….

판사: 그래요. 알겠습니다. 더 할 거 없죠? 2주 후에 선고할게요.

피고: (어리둥절하며) 네?!.

원고 변호사: (주섬주섬 서류 챙겨 가방에 넣으면서) 에휴~.

채권의 소멸시효 기간은 기본 10년이다. 채권과 소유권 이외의 재산권은 20년으로 길지만, 채권 중에서도 3년, 2년, 1년짜리 채권이 있는 등 다양하다. 변호사 보수는 1년이다. 극장 입장료, 식당 음식비, 노역 대금, 연예인 임금, 학원비도 1년이다. 사실 귀찮고 바빠서 못 받고 넘어간 수임료가 상당하다. 지금이야 그 시간에 그냥 다른 일을 해서 더 벌면 되지만, 나중에는 그 돈이 간절히 생각날 수도 있다. 다른 사람 돈은 칼같이 받아내면서 정작 내 돈은 그렇지 못하다.

대부업체는 소멸시효 상관없이 청구하곤 한다. 돈 빌린 사람이 소멸시효 지났다고 한마디 하면 이길 수 있는데, 그 간단한 걸 안 해서 진다. 이 지점에서 판사가 개입한다. 법을 모르는 채무자에게 슬쩍 도움 주는 경우가 생긴다.

인지상정일 수도 있다. 그런데 약자가 이기면 무조건 정의일까? 민사소송은 대립 구조에 따른 경쟁인데, 과연 이게 정의인가? 석명권의 한계는 어디인가? 가난하고 착하고 가엾고 노모 봉양해야 하고 홀로 젖먹이 자녀 키우는 사람에게는 법원이 알아서 소멸시효 항변을 끌어내는 게 과연 정의로운 일인가? 세상 경험 부족한 나는 아직 잘 모르겠다.

형사소송에서는 어떨까. 변호사 없이 피고인 혼자 재판받을 수도 있다. 하지만 법에 따라 법원이 직권으로 국선 변호인을 선정해줘야 할 때도 있다. 체포·구속된 때, 미성년자이거나 70세 이상인 때, 심신장애 의심이 있는 때 등이다. 국선을 원치 않으면 자기 돈 내고 알아서 사선 변호인 선임하면 된다. 선택의 영역이다. 대체로 국선보다 사선이 더 열심히 일한다고 평가된다.

하지만 다 그런 건 아니다. 국선보다 못한 사선도 많다. 덤핑으로 저가 수임하면, 돈만 받고 일은 제대로 하지 않는다. 자본주의에서 보통의 변호사는 딱 받은 만큼 일한다. 그러니 누구에게 맡기는 게 최선일지 잘 검토해서 가려내야 한다. 그런데 흥미로운 건 사선보다 국선이 오히려 더 유리할 수도 있다는 점이다. 언제 그럴까? "이런 잘못을 해놓고 피해자와 아직 합의도 못 했는데, 감히 사선 변호인을 선임하고 선임료를 줬어? 괘씸하네. 엄벌." 이런 판사가 있다면 큰일이다. 법의 취지를 무시하는 잘못된 개입이다. 양형에 영향을 주면 안 된다.

이혼 소송에서도 과도한 개입을 자주 목격한다. 법정에 나온 원고와 피고를 둘 다 죄인 취급하는 판사도 있다. 민망하다. 자녀가 걱정된다면서, 이혼하겠다는 부모를 훈계한다. 가정법원 판사가 이혼을 죄악시한다. 판사의 역할이 판결인지 면박인지 가정 상담인지 헷갈릴 때가 있다.

이혼 조정의 문제는 더 심각하다. 드라마 〈부부 클리닉 사랑과 전쟁〉에서 신구, 정애리가 나오는 그 자리를 떠올리면 된다. 법조인이 아닌 조정위원도 많다. 퇴직 교육자, 공무원, 종교인, 사업가 등이다. 그들의 어이없는 월권에 화가 치밀어 오를 때가 많다. 특히 이일 시작한 지 얼마 안 된 조정위원은 더 그렇다. 전지전능한 능력을 발휘해서 불가능한 일을 해내려 애쓴다. 무조건 재결합만을 외친다. 끝없이 설득하려 한다. 아니 그게 그렇게 쉽게 된다면 거기까지 갔겠나.

가끔 혼란을 틈타 자기 종교 전교까지 시도하는 사람도 있다. 미리 종교단체 전단지를 준비해뒀다가 슬쩍 꺼낸다. 그게 그 자리에 들어간 이유였나. 수준 미달이다. 자기 역할이 뭔지 전혀 모르는 자들이다. 그런 자에게 세금으로 돈도 준다. 자리내준 법원이 책임져야 한다.

간혹 판사와 조정위원이 설득해서 극적으로 화해하고 소 취하해서 다시 잘 사는 사람도 있다. 하지만 이미 이혼에 동의했고, 친권, 양육권, 양육비, 재산 분할 등 세부 사항만 남아 있는 사건도 많다. 그래도 법에 따라 재판에 앞서 이혼 조정 절차를 거쳐야 한다. '조정전치주의調定前置主義'라고 한다. 숫자만 조율하면 된다. 하지만 조정위원 잘못 걸리면 절차가 산으로 간다. 이혼은 죄가 아니다. 기를 쓰고 막아야 하는 일이 아니다. 누구에게나 신속히 정확하게 제대로 이혼할 권리를 줘야 한다. 그게 법원의 임무다. 과도한 개입은 당사자에게 더 큰 고통을 줄 뿐이다.

그렇다. 공감 능력은 중요하다. 공감을 잘해야 주변 사람의 사랑을 받을 수 있다. 하지만 중요한 게 있다. 공감이 필요한 사건에서 필요한 시점에 필요한 정도로 공감해야 한다. 무턱대고 모든 일에 공감하는 건 무의미하다. 오히려 일을 망치게 될 수도 있다.

나도 출연했던 국민예능 〈무한도전〉에 '무한상사'라는 코너가 있었다. 직장 내 모습을 재미있게 그려내 큰 호응을 받았다. 코너 속 코너 '그랬구나'도 인기였다. 앙숙인 박명수와 정준하가 두 손 맞잡고 있는 모습을 떠올리면 지금도 웃음이 터진다. 그런데 거기서 서로 아무리 '그랬구나'를 외쳐도, 그걸 공감으로 이해하는 사람은 아무도 없다. 뒤이어 더 세게 맞받아치기 위한 준비 작업일 뿐이다. 이렇듯 공감에는 상황과 맥락이 중요하다. 엉뚱한 공감과 호응은 오히려 역효과만 낸다.

이렇게 계속해서 매사 삐딱하게 보게 된다. 뭔가 꿍꿍이가 있지 않을까? 감추는 건 없을까? 더 큰 걸 노리는 건 아닐까? 의심부터 든다. 이게 다 변호사 일 때문이다. 주변을 아름답게 볼 수 없다. 살짝 걱정되기도 한다. 이 일 하면서 이상한 사람을 워낙 많이 봤다. 그래서 나 역시 그 이상한 사람들처럼 되어 가는지도 모른다.

그래도 아직은 대체적으로 괜찮은 것 같다. 즐겁게 웃고 떠드는 순간이 있고, 몰입해서 즐기는 취미도 있다. 분출구가 있어서 업무용 인격과 실제 인격 사이의 경계선이 아슬아슬하지만 계속 잘 유지되고 있다. 다행이다. 이 책을 쓰는 작업 역시 나에게는 백신이자 치료제다.

하지만, 할 말은 해야겠다. 선 넘는 개입은 정말 참기 힘들다. 내 말에 '공감'해주리라 믿는다.

헷갈리는 단어들이 있다. 다양한 상황에서 여러 의미로 쓰이면 더 헷갈린다. '양심'이란 말도 그렇다. 치사한 짓 하는 사람에게 "너는 양심도 없냐?"고 따져 묻는다. "양심에 털 났다."고 힐난하면서 "양심껏 하라."고 압박도 한다. '양심 냉장고'에 이어 '양심적 병역 거부'라는 말이 널리 쓰이면서 더 혼란스러워졌다. 애초에 '양심'은 명확히 정의하기 어려운 단어다.

하지만 이 책에선 개인적 이야기는 줄이고 법에 관한 이야기만 하고 있으므로, 범위를 조금 좁혀야겠다. 도대체 우리 '법'에서 '양심'은 무엇을 의미하는가. 법관은 '양심'에 따라 재판해야 한다는데, 그건 무슨 뜻인가. 다수 국민의 견해와 어긋나는 판결이 선고되면 온라인이 시끌시끌해진다. 국민의 법 감정에 반한다는 비난이 이어진다. "판결이 도대체 왜 이 모양이야?" 사람들이 분노한다. 법관에게 '양심'이 없다고 지적한다.

이렇게 법관의 판단과 대중의 인식이 일치하지 않는 이유는 뭘까. 그걸 알려면 우선 재판에 적용되는 법관의 양심이란 도대체 무엇인지부터 알아봐야 한다. 고백이 필요하다. 세상이 들썩이는 논란의 판결이 선고돼도 나는 대체로 수긍한다. 더 정확히는 수긍하고 싶어 하는 나를 발견한다. 판결에는 다 이유가 있으리라 생각하면서, 나도 모르게 일단 수긍할 근거를 찾기 시작한다. 신기한 일이다. 타고난 반골 기질 때문에 손해 볼 때가 많은 평소 성격과 정반대 모습이다.

아무래도 기존 판결에 기초해서 사건을 해석하고 수임해서 같은 판결을 받기 위해 노력하는 일을 하기 때문일 것이다. 즉 타고난 성격이 아닌 직업 훈련의 결과다. 계속 이렇게 지내도 별다른 문제는 없을 거다. 하지만 궁금하다. 왜 대중과 법조인 사이에 건널 수 없는 인식의 강이 흐르는가. 도대체 법관의 양심이 뭐기에. 이번 기회에 제대로 알아보자.

우리나라 법 가운데 가장 상위법인 헌법. '양심'이란 단어는 헌법 조문에 세 번 등장한다. 첫째, "모든 국민은 양심의 자유를 가진다(제19조)." 기본권 중 하나인 그 유명한 양심의 자유다. 둘째, "국회의원은 국가 이익을 우선하여 양심에 따라 직무를 행한다(제46조 제

2항)." 국회의원의 의무 규정이다. 그리고 마지막 제103조가 법관의 양심을 말한다. "법관은 헌법과 법률에 의하여 그 양심에 따라 독립하여 심판한다."

우선 '국회의원의 양심'부터 보자. 이건 국가 이익을 앞세우기 위한 도구 개념이다. 소속 정당이나 이익단체의 압력과 유혹에 굴복하지 않고 국익을 앞세워 일하라는 국가와 국민의 명령이다. 국회의원의 직업적 양심을 뜻한다. 여기까지는 쉽다.

다음은 '양심의 자유'다. 이 말을 처음 듣는 사람은 없을 거다. 하지만 법적 의미를 정확히 아는 사람은 드물다. 헌법재판소는 이미 오래전 '양심'의 자유에 대해 자세히 설명했다. 일단 심호흡 한번 크게 하고 단단히 마음먹고 아래 내용에 함께 도전해보자.

> "양심이란 세계관·인생관·주의·신조 등은 물론 이에 이르지 않더라도 보다 널리 개인의 인격 형성에 관계되는 내심에 있어서의 가치적·윤리적 판단도 포함한다. 그러므로 '양심'의 자유에는 널리 사물의 시시비비나 선악과 같은 윤리적 판단에 국가가 개입할 수 없는 내심적 자유는 물론, 이와 같은 윤리적 판단을 국가 권력에 의해 외부에 표명하도록 강제 받지 않을 자유까지 포괄한다."
>
> _89헌마160

"이런 양심은 인간의 윤리적·도덕적 내심영역의 문제이고, 헌법이 보호하려는 양심은 어떤 일의 옳고 그름을 판단함에 있어서 그렇게 행동하지 않고는 자신의 인격적인 존재가치가 허물어지고 말 것이라는 강력하고 진지한 마음의 소리이다. 추상적인 개념으로서의 양심이 아니다."

_96헌가11

아이고. 어렵다. 여러 번 읽어도 읽은 것 같지 않다. 그 자체로 설명하기도 어렵고, 더 자세히 풀어내기도 쉽지 않다. 이렇게 어렵게 설명하다니. 헌재는 양심도 없나. 그래서 더 이상의 설명을 포기한 체 무거운 마음을 감추고 은근슬쩍 본 주제인 '법관의 양심'으로 넘어가겠다. 나도 양심이 없나 보다.

"재판을 함에 있어 법관이 따라야 할 양심은 보편적인 규범의식에 기초한 법관으로서의 직업적이고 객관적인 양심을 뜻하는 것이지 독특한 신념에 터 잡은 개인적인 소신을 말하는 것이 아님을 명심하여야 합니다." 재판에 불법 개입해서 법관의 양심을 침해했다고 의심받는 양승태 전 대법원장이 2015년 신임 법관 임명식에서 한 말이다.

"법관은 헌법과 법률에 의하여 양심에 따라 독립하여 심판하여야 한다는 재판 독립의 원칙은 법관이 금과옥조로 삼아야 할 기본원칙입니다. 재판의 독립을 수호하기 위해서는 어떠한 압력이나 영향에도 굴하지 않고 오로지 법과 양심에 따라 판단하겠다는 불굴의 용기와 결연한 의지가 있어야 합니다."라는 말도 함께 남겼다. 물론 다 좋은 말이다.

모든 것의 시작점이 바로 여기다. 판사도 결국 사람이라는 사실. 판사는 사람이지 기계가 아니다. AI가 아니다. 인간이기 때문에 자신의 개인적 가치관을 반영해 판결하고 싶은 마음을 가진다. 겉으로 드러내지만 않으면 쉽게 감출 수 있으므로, 그런 충동은 생각보다 강력하다. 그래서 어쩔 수 없이 '법관'의 양심 개념이 등장한다. 자신의 '개인적 양심'을 배제하고 판결의 공정성과 합리성을 확보하도록 만드는 도구다. 국회의원의 양심처럼 직업적 양심이다. 이제 대략적인 느낌이 온다. 더 자세히 알아보자.

처음부터 헌법에 포함된 건 아니다. 제헌 헌법에는 "법관은 헌법과 법률에 의하여 독립하여 심판한다."고 규정되어 있었다. 이후 1962년 제5차 개헌을 통해 '그 양심에 따라'라는 표현이 추가되었다. 여러 자료를 찾아봤지만, 구체적으로 어떠한 이유로 추가되었는지는 확인하지 못했다.

다른 나라는 어떨까. 미국 헌법에는 양심conscience이란 단어가 없고, 독일 헌법 제97조 제1항은 '법관은 독립해서 오직 법에 따라야 한다.'고 규정한다. 양심을 의미하는 'conscience'의 어원을 찾아 분석하면 'with+science'다. '알게 하는 도구' 정도로 해석된다. 알아야 하는 대상은 법이고, 양심은 그 대상을 알게 하는 도구다.

이제 결론이다. 법관은 '자기 자신으로부터 독립'해야 한다. 하지만 그게 말처럼 쉽지 않다. 그래서 법관이 개인적 가치관에 치우치지 않고 객관적인 직업적 양심을 지키도록 헌법에 규정해서 강제한다. 재판의 공정성과 합리성을 위한 국민의 명령이다. 그게 법관의 양심이다.

여기까지 쓰고 끝내면 딱 멋있고 좋을 텐데. 아쉽게도 내 양심상 그러지 못하겠다. 한참 시간 들여 눈에 잘 들어오지도 않는 헌법재판소 결정문에 예전 대법원장 연설문까지 읽으며 법관의 양심이 뭔지 알아봤다. 하지만 그걸로 모든 문제가 해결되진 않는다. 법관은 법을 해석해서 적용하므로, 법관의 판단은 법의 테두리를 벗어날 수 없고 벗어나도 안 되기 때문이다. 법관의 판단은 실정법에 따른다. 법이 법관에 우선한다.

법관의 직업적 양심은 막 나가는 법관을 막기 위한 최소한의 장치일 뿐이다. 그러니 법관을 무턱대고 믿으면 안 된다. 국민이 쉬지 않고 감시해야 한다. 법관도 사람이다. 법관에게도 욕심이 있고 꿍꿍이가 있고 인생 계획이 있다. 출마 계획도 있고. 실제로 판사 그만두자마자 정당에 들어가 정치 시작한 사람도 있고, 국회의원 당선된 사람도 있다. 염치들이 없다.

법관은 이제 됐고, 그럼 변호사에게는 양심이 있느냐고? 없다.

──── 자유와
──── 비키니

인간은 자유를 갈망한다. 평소에는 자유의 소중함을 잘 느끼지 못한다. 특별한 일이 없는 한 자유로이 행동할 수 있으니까. 하지만 누군가 내 행동을 제약하면 그때부턴 견디기 힘들어진다. 그래서 헌법은 "모든 국민은 신체의 자유를 가진다."고 못 박았다.

또한 "누구든지 법률에 의하지 아니하고는 체포·구속·압수·수색 또는 심문을 받지 아니하며, 법률과 적법한 절차에 의하지 아니하고는 처벌·보안처분 또는 강제노역을 받지 아니한다."고 선언한다. 하지만 여기서 중요한 건 반대 해석이다. 즉, 법률과 적법한 절차에 따르기만 하면, 국가는 개인의 자유를 제한할 수 있다.

유치장, 구치소, 교도소. 모두 국가가 합법적으로 사람을 가둬놓는 곳이다. 하지만 비슷하면서도 다르다. 우선 유치장. 경찰서에 있다. 법률에서 정한 절차에 따라 체포·구속된 사람 또는 신체의 자유를 제한하는 판결이나 처분을 받은 사람을 수용하기 위한 경찰서와 해양경찰서 내 시설이다(경찰관 직무집행법 제9조). 1769년에 변호사 자격 취득한 변호사 대선배인 영국 법학자 제레미 벤담Jeremy Bentham이 고안한 고효율의 판옵티콘Panopticon 형태다.

절차 진행에 따라 곧 풀려나거나 구치소로 가므로 유치장에 오래 머무를 일은 없다. 하지만 여간해서는 겪을 수 없는 혼란과 무질서를 이곳에서 경험할 수 있다. 온갖 잡범이 득실거린다. 다들 사복을 그대로 입고 있어서 더 혼란스럽게 느껴진다. 검찰청에는 이와 비슷한 구치감도 있다.

재판을 통해 징역, 금고가 확정되면 교도소로 간다. 수형자가 되어 교도소에 갇혀 복역한다. 이렇게 유죄 확정되기 전까지는 무죄로 추정되므로 적어도 교도소 갈 일은 없다. 하지만 필요에 따라 임시로 붙잡아 두기도 한다. 형사피의자 또는 형사피고인으로서 체포되거나 구속영장의 집행을 받아 구치소에 수용될 수 있다. 미결수용자라 한다. 구속된 상태로 재판을 받는다. 이런 미결수용자와 수형자를 합해서 수용자라 부른다(형의 집행 및 수용자의 처우에 관한 법률 제2조).

구속은 대단히 두려운 일이다. 특히 구치소 수감 경험 있는 의뢰인은 구속 이야기만 들어도 몸서리친다. 다시 들어가는 걸 죽기보다 싫어한다. 오갈 곳 없어 교도소 가려고 일부러 범죄 저지른 사람이 간혹 보도되지만, 그건 지극히 예외적인 일이다. 수용시설 경험은 확실히 범죄 예방 효과 있는 것처럼 보인다.

하지만 딱 그만큼 처벌 회피 욕구와 동기도 강해진다. 그래서 변호사 도움을 더 간절히 바란다. 돈도 많이 쓴다. 구속된 피의자나 피고인도 변호인의 도움을 받을 권리를 가진다. 헌법상의 권리다. 누구든지 체포 또는 구속을 당한 때에는 즉시 변호인의 조력을 받을 권리를 가진다(헌법 제12조 제4항).

의뢰인이 불구속 상태로 수사받다가 구속될 수 있다. 불구속으로 재판받았는데 법정에서 실형 선고받고 곧바로 구속되기도 한다. 법정구속이다. 예상하지 못한 구속은 가장 괴롭고 곤혹스러운 일이다. 당사자와 그 가족은 물론 변호사에게도 그렇다. 그래서 변호사는 보수적이어야 한다.

수사의 어느 단계에서든 구속 가능성을 염두에 두고 최대한 객관적으로 검토해서 의뢰인과 논의해야 한다. 막연한 낙관은 금물이다. 의뢰인의 헛된 희망을 제어해야 한다. 그게 변호사의 역할이다. 감정 상한 의뢰인이 핑크빛 전망을 내놓는 다른 변호사에게 옮겨가기도 하지만 어쩔 수 없다. 차라리 잘된 일이다. 그런 사람 돈은 안 받는 게 안전하다.

가끔 법원 근처에 방치된 승용차가 보인다. 대충 벌금형으로 끝나거나 징역형 나와도 집행유예 붙을 줄 알았는데 예상 밖으로 법정 구속되면, 주차된 차량을 옮길 틈도 없이 바로 끌려간다. 회사에 이야기 안 하고 한 달에 한 번씩 휴가 내서 몰래 재판받다 덜컥 법정구속되면 낭패다. 가족에게 이야기하지 않은 경우, 심지어 배우자에게도 숨기는 경우가 생각보다 많다. 직장에서 해고되고 이혼 당한다. 그만큼 구속은 당사자와 그 주변 모두에게 엄청난 사건이다.

이미 구속된 사람으로부터 변호를 의뢰 받을 때가 있다. 밖에 있는 가족이 찾아와 부탁하기도 한다. 일단 구치소로 접견 가서 직접 만나 이야기 들어봐야 한다. 구치소는 내비게이션에 안 나온다. 포털 지도에도 없다. 아무 설명도 없이 넓은 공터처럼 표기된다. 국가 보안 시설이기 때문이다.

변호사는 붙잡혀 있는 사람과 자유로운 세상을 연결해준다. 생명 줄 역할을 한다. 일반 면회는 관련 규정에도 불구하고 겨우 10분 정도 허용되지만, 변접(변호사 접견)은 일과 중에는 식사 시간 외에 시간제한 없이 가능하다. 변호사가 미리 접견 신청한 후 구치소로 찾아오면 원칙적으로 언제든 만날 수 있다. 그 시간 동안 수용인은 편하게 변호사와 마주 앉는다. 대기 시간까지 더하면 더 긴 시간을 복잡한 수용 거실에서 빠져나올 수 있다.

실제 변호 전략을 수립하는지 아니면 그냥 노닥이는지는 상관없다. 점검하지 않는다. 그래서 돈 많은 사람은 구속되면 매일 변호사 부른다. 오전, 오후 다른 사람을 부르기도 한다. 변호사는 돈 받은 대가로 구치소로 찾아간다. 말동무가 되어 준다. 가지고 들어간 무협지나 로맨스 소설을 낭독해주기도 한다. 이성異性 변호사가 선호된다는 이야기도 떠돈다. 변호사의 시간과 수용자의 돈이 맞교환된다. 슬픈 현실이다. 변호사가 자존심도 없냐고? 돈이면 다 되냐고? 그렇다. 다 된다.

억울함을 벗기 위해 변호사 접견이 간절한 사람이 이런 '집사 변호사'들 때문에 공간 부족으로 곤란을 겪는다. 심각한 방해 행위다. 얼마 전 이런 집사 변호사들을 변호권 남용을 이유로 징계했다. 젊은 변호사 여럿 고용해서 이런 일로 내몰다 징계 받은 대표 변호사가 징계 취소 소송을 제기했으나 패소했다. 법원은 징계가 정당하다고 봤다. 한편 피고용인으로서 대표가 시킨 일을 했을 뿐인 변호사까지 징계하는 게 타당하냐는 논란도 있었다.

심지어 몇 년 전에는 이런 일도 있었다. '비키니 셀카' 사건이다. 어떤 변호사가 사기로 구속된 의뢰인을 구치소에서 접견했다. 의뢰인에게 소송 서류를 건넸는데, 거기 수상한 사진이 섞여 있었다. 이를 눈여겨본 구치소 직원이 이후 수용실에서 사진을 찾아냈다. 놀랍게도 그 변호사의 '비키니 셀카' 사진이었다. 그것도 여덟 장이나. 이들은 오래전부터 잘 알고 지낸 사이에서 선물로 주고받은 거라고 해명했다.

구치소 안에선 별일이 다 벌어진다. 몰래 담배 건네다 걸린 변호사는 예전부터 많았다. 육포, 껌, 초콜릿, 사탕, 음란 사진을 몰래 넣어주기도 한다. 당연히 안 된다. 그리고 전화도 늘 문제 된다. 변호사도 전화기, 노트북 등 전자기기를 맡겨 놓고 안으로 들어간다. 하지만 검색이 철저하진 않아서 마음만 먹으면 가지고 들어갈 수 있다. 접견 도중 통화시켜주다 징계 받은 변호사가 적지 않다.

가족에게 걱정하지 말라고 당부하는 애틋한 안부 통화일 수도 있다. 하지만 다들 알다시피 세상일이 그렇게 아름답지만은 않다. 도피 중인 공범과 소송 대책을 모의할 수 있다. 조직원에게 보복을 지시할 수도 있다. 직접 피해자를 협박할 수도 있다. 아무리 돈이 좋아도 그런 일은 하면 안 된다. 친한 지인의 부탁일지라도 들어주면 안 된다.

어느 날 지인이 갑작스레 구속됐다. 구치소 접견실에서 기다리는데 처음 보는 사람이 들어왔다. 누구지? 다른 사람이 잘못 들어온 것 같은데? 한참 쳐다봐도 얼굴을 알아보지 못했다. 목소리를 듣고서야 알아챘다. 구치소는 가발 착용이 불가한데, 나는 그가 평소 가발을 쓰는 줄 모르고 있었기에 누구인지 알 수 없었던 거다. 그는 그런 신경 쓸 여유 없는 다급한 상황이었지만, 내가 민망하고 시선을 처리하기 어려웠다. 이후 밖에서 다시 봤는데도 가발은 전혀 티 안 났다.

이런 경우가 아니더라도 지인 사건은 곤란할 수 있다. 그동안 몰랐던 새로운 정보 때문에 서로 난감해질 때가 있다. 경찰 조사는 늘 긴장된다. 수사관 성향과 능력이 천차만별이기 때문에, 초반부터 눈치 잘 보고 분위기 파악해서 적절히 대응해야 한다. 본격적으로 질문 시작하기 전에 기본 사항부터 물어본다. 이름, 주소, 직업이야 당연하고, 학력, 병역, 재산 상황, 월수입, 가족 관계, 전과 등을 묻는다. 훈장을 받은 적이 있는지도 확인한다.

대부분의 의뢰인이 질문에 솔직하게 답한다. 그래서 놀라게 된다. 부유하게 보였던 의뢰인이 알고 보니 심각한 마이너스 상태였다. 학력이 부풀려진 사람도 있었고, 반대로 의외의 유학파 고학력자라 놀란 적도 있다. 경찰도 못 믿어서 여러 번 되물어볼 정도였다. 한참 전 이혼했는데 대외적으로 공개하지 않은 유명인도 있었다.

가장 난감한 건 몰랐던 전과前科다. 특히 성범죄, 사기, 폭력 등 선입견을 심어주는 전과가 문제 된다. 서로 멋쩍어하며 민망해하다가 괜히 관계만 어색해질 수 있다. 하지만 그게 대수인가. 변호에 지장 생기면 안 된다는 게 훨씬 중요하다. 그래서 처음 상담할 때 혹시나 하는 마음에 전과 있는지 조심스럽게 묻는다. 물론 솔직히 말해주지 않는 사람도 많다. 그런 것까지 다 감안해야 한다. 변호사 일은 단순하지 않다. 상상하지 못한 일이 생길 수 있다. 오늘도 복잡한 마음을 가진 채로 구치소와 경찰서를 오간다.

돌아보는
기회

프롤로그를 통해 밝혔듯 모든 이야기는 비 오는 토요일 오후 유언 출장에서 시작됐다. 죽음의 순간을 목격했다. 앞으로 어떻게 살아갈지 고민하게 됐다. 인생의 속도와 방향 모두 중요하다. 그래서 잠시 멈춰 섰다. 우선 나는 어떤 사람인지 확인해야 했다. 그동안 겪은 일부터 돌아보고 있다. 처음 해보는 일이다. 이런 여유를 갖지 못했다. 스스로 할 수 있는 일이 아닐 수도 있다. 객관적이지 못할까 걱정된다. 하지만 이렇게라도 해야 다음 단계로 나아갈 수 있다. 그렇게 믿는다. 큰 출렁임 없던 인생이다. 심각한 풍파는 겪지 않았다. 그런데도 막상 돌아보니 많은 일이 있었다.

힘든 기억만 있던 건 아니다. 좋은 추억도 많다. 대부분 국내 출장이었지만, 가끔씩 있었던 해외 경험도 소중하다. 의뢰인이 소유한 베트남 현지 쌀국수 공장 방문과 현지 모범사원 포상 여행 동행은 정말 즐거웠다. 하롱베이의 절경과 지금도 눈에 선한 깟바의 아름다운 풍광을 잊을 수 없다. 일본 료칸 인수자와 동행했다가 일 대신 푹 쉬고 온 경험까지... 참 재미있는 시절이었다.

그리고 message를 massage라고 썼던 사람이 중국에 가서 변호사, 판사, 교수 앞에서 영어로 강의도 했다. 갑자기 영어를 잘하게 된 건 아니다. 잘 나가는 한중일 법학 교수, 변호사들 앞에서 다행히 큰 탈 없이 마쳤지만, 그때도 잊지 못할 에피소드가 생겼다. 전날 밤 출발해서 자정 무렵 대련Dalian에 도착한 후 잠깐 자고 아침부터 하루 종일 세미나가 이어지는 일정이었다. 본업에 허덕이다 보니 공항에도 딱 시간 맞춰 겨우 도착했고, 라운지나 면세점은 생각도 못했다. 호텔에서 잠 못 자고 밤새 강의 준비해야 하는 상황이었다.

그래도 나는 촌스럽게도 언제나 비행기가 좋다. 공항도 좋다. 여전히 신기하고 설렌다. 아직 공항 출입국 시스템을 100% 이해하지 못해서 혼자 있으면 조금 불안하지만 그래도 언제나 흥분된다. 하늘을 날아가는 비행기만 봐도 설레고 기분 좋아진다. 그날 주최 측이 제공한 항공편은 저렴한 중국 항공사의 이코노미 티켓이었지만 그래도 아무 상관없었다. 오히려 외국인들 사이에 끼어 앉아 있으니 해외 가는 기분도 진하게 들고 더 좋았다.

하지만, 역시 이런 날 꼭 일이 터진다. 비행기가 이륙하지 않았다.

아니 이동도 하지 않았다. 중국 사람들이 소리 지르며 항의했지만, 별다른 안내 없이 시간만 흘렀다. 뭔가 이상이 생긴 게 분명했다. 한 시간 가까이 기내에서 대기했다. 그러던 중 갑자기 승무원들이 승객들에게 짐을 챙겨서 내리라고 채근했다. 그제야 대련 현지에 심한 안개로 착륙이 불가능해서 내일 아침에 출발한다는 안내가 들려왔다. 처음 겪는 일이었다. 그럼 당장 잠은 어디서? 집에 갔다 와야 하나? 내일 강의를 할 수 있을까? 그래도 다행히 영종도 내 숙소를 제공하고 숙소까지는 버스를 운행한다고 했다.

그런데 여기서 1차 짜증 발생. 탑승했던 승객이 생각보다 많았다. 그리고 인수한 면세품이 면세구역 밖으로 나가면 안 되므로, 하나하나 다 확인해서 판매자에게 돌려주는 작업이 진행됐다. 와 지금 생각해도 숨 막힌다. 이것만 몇 시간 걸렸다. 먼저 나가지도 못했다. 항공사가 이름 부르는 순서에 따라 일이 이뤄졌다. 출석 체크가 대단히 꼼꼼했다. 항공 보안이 무엇보다 중요하니 이해는 하지만 그래도 억울했다. 죄수가 된 느낌이었다.

이어지는 2차 짜증. 겨우 청사를 빠져나왔지만 버스가 오지 않았다. 급히 구한 전세버스였는데, 아무리 기다려도 안 왔다. 한 대 멀리서 보이면 차도를 가로막으며 달려드는 인파에 밀려 놓쳐버렸다. 결국 기다리다 못해 택시를 타고 이동했다. 그리고 3차 짜증. 이름만 호텔이었다. 그 실내 환경과 인테리어와 분위기를 다시 떠올리고 싶지 않다. 아 그 냄새와 습기도 이제는 잊고 싶다. 그 방에서 밤새 잠 못 자고 강의 준비하면서 울컥 서러움을 느꼈다. 대체 왜 이런 걸 승낙했을까. 무리였다. 욕심이었다. 내가 미쳤지. 이번이 마지막이라고 수백 번 되뇌며 사실상 울면서 잠시 눈을 붙였다. 그나마 7시 출발에 늦을까봐 제대로 자지도 못했다.

왜 이리 일이 안 풀리는지 생각하며 밖으로 나왔다. 아니 그런데 이게 뭐지. 아침 공기가 상쾌했다. 하늘은 청명했다. 기가 막힌 날씨였다. 이번에는 버스 타고 수학여행 가듯 공항으로 갔다. 조금 전까지의 짜증과 후회가 사라졌다. 대련에 도착해서 낯선 풍경 속 외국인들 사이에 섞이면서 오히려 기분이 좋아지기까지 했다. 공항, 비행기, 외국에 설레는 촌스러운 면이 나의 정신 건강에는 더 좋은 것 같다. 이제와 생각하면 다 추억이다.

홍콩으로 떠난 첫 출장도 잊을 수 없다. 의뢰인이 준비한 일등석 항공권과 장국영의 비극으로 유명한 홍콩 센트럴 그 호텔의 화려함은 쉴 틈 없었던 출장의 고단함을 잊게 해줬다. 하지만 객실에 창문이 없는 것으로 오해해서 그 값비싼 경치를 못 본 건 지금도 아쉽다. 하도 땅이 비싼 곳이라 특급 호텔에도 창문 없는 방이 있는 줄 알았다. 지금 생각하면 바보 같은 일이지만 그때는 그것도 새로운 경험이라고 생각하며 당연하게 받아들였다.

그래도 그 방문을 인연으로 이후 서로 왕래하며 교류하는 친구들도 생겼고 함께 일도 하게 됐다. 짧게 보면 피곤하고 힘들었지만, 크게 길게 넓게 보면 다 즐겁고 재미있는 일이었다. 그때 그 기억을 다시 떠올리는 것만으로도 순간적인 각성으로 피로가 사라지고 집중력이 되살아난다. 지금도 그렇다. 나에겐 커피보다 여행 복습이 더 효과적인 각성제다.

하지만 되돌아보면 즐거운 순간보다 고민의 시간이 훨씬 길었다. 복잡한 일이 연이어 생겼다. 다른 사람에게 의지할 수도 없었다. 내가 최종 결정을 내려야 했다. 다들 나만 바라보고 있었다. 고독한 역할이다. 일본 드라마 〈고독한 미식가〉는 언제나 해피엔딩이지만, 고독한 게 좋은 일은 아니다. 대체로 쉽지 않았다.

정말 다양한 일을 많이도 겪었다. 웃으며 다시 떠올릴 수 있는 해프닝도 있고, 안도의 한숨을 쉬며 가슴 쓸어내리게 되는 일도 있다. 조용하고 평온한 삶을 살 줄 알았는데, 정반대로 지내고 있다. 하루도 조용한 날이 없었다. 별일이 다 있었다. 피할 수 없었다. 정면으로 맞서야 했다. 지금까지 그랬고, 앞으로도 그럴 수밖에 없다.

그동안 수많은 사건을 수행했다. 그 가운데 특히 기억에 남는 사건이 있다. 최대한 의뢰인에게 확인 및 동의를 받았다. 그리고 핵심 내용에 영향을 미치지 않는 한도에서 슬쩍슬쩍 자잘한 부분은 바꿨다. 누구 이야기인지 드러나면 안 되니까.

사람이 싫다고 외치고 있다. 고함이 아니다. 비명도 아니다. 이 악물었지만 삐져나오는 나지막한 신음에 가깝다. 도대체 왜 이렇게 사람이 싫다고 외치고 있는지. 그동안 겪은 여러 사건들을 함께 되돌아보면서, 납득할 만한지 아니면 엄살인지 또는 과장인지 여러분이 냉정하게 판단해달라.

Part 3

타락천사

墮落天使 Fallen Angels, 1995

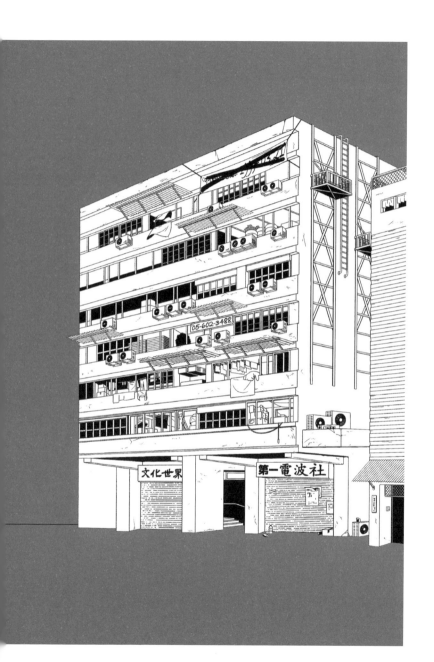

우린 매일 많은 사람과 스쳐 지나가고
그중 누군가는 친구가 될지도 모른다.

하지무 금성무

안타깝지만 모든 일은 지나갔고
이제 그만하고 싶다고 말하려 했다.
하지만 어떻게 말해야 할지 몰라서
다른 방법을 선택하기로 했다.

황지명 여명

새로운 사건을 맡고 새로운 사람을 만날수록

오히려 점점 더 세상과 멀어지게 된다.

힘들어 하면서도 피하지 못하고 계속 이어간다.

변호사의

사건 복

기자들은 '취재원 복'을 가장 큰 복으로 꼽는다. 간혹 상상력이 묻어 있을 때도 있지만, 기본적으로 기사는 사실을 기초로 하고, 그 사실은 취재원을 통해 확인된다. 기사만 그런 게 아니다. 기자들이 쓴 책도 마찬가지다. 주로 취재원이 풀어놓은 이야기가 뼈대를 이룬다. 기자 글 특유의 느낌이 있다. 생생하고 재미있어서 장르와 주제 따지지 않고 즐겨 읽는다. 잘 쓴 글은 맛있다.

물론 비판적 시각도 필요하다. 그 취재원을 얼마나 신뢰할 수 있는지, 이야기를 풀어놓은 속셈이 있는지 늘 의심해야 한다. 기자와 취재원의 관계 형성 자체가 불법인 경우도 있다. 전통적 취재 방식에는 여러 부작용이 따르지만, 그만큼 기자에게 취재원은 중요하다. 대단한 재산이다.

변호사는 어떨까. 아무리 잘났어도 변호사 혼자 힘으로 할 수 있는 건 없다. 아예 일 시작 자체가 안 된다. 변호사는 기본적으로 다른 사람 일을 대신 해결해주는 사람이다. 누군가로부터 사건을 받아야 일을 할 수 있다. 그러니 기자의 취재원 복보다 변호사의 의뢰인 복, 사건 복이 훨씬 더 중요하다.

그래서 변호사는 '좋은' 사건을 많이 수임해야 한다. 그래야 경험이 쌓인다. 노하우도 얻는다. 돈 벌면서 명성까지 챙긴다. 변호사가 성공하려면 '좋은' 사건을 수임하는 행운이 필요하다. '좋은' 사건을 잘 처리해서 '좋은' 결과를 얻으면 '좋은' 평판으로 이어지고 '좋은' 변호사가 될 수 있다. 그러면 도대체 어떤 사건이 '좋은' 사건인가?

가장 먼저 떠오르는 건 수임료 큰 사건이다. 어쩔 수 없다. 하지만 꼭 큰돈이 되지 않더라도, 법리적으로 중요한 쟁점이 담겨 있는 사건은 언제나 환영이다. 그런 사건 승소하면 변호사의 전문성이 증명된다. 개인의 업적이 된다. 명함 뒷면에 40년 전 유명했던 어떤 사건 승소한 변호사라고 큼직하게 박아 넣은 할아버지 변호사도 봤다. 앞면에 있는 자기 이름보다 더 컸다. 그 마음 충분히 이해된다. 변호사에게는 무엇과도 바꿀 수 없는 자랑스러운 성과다. 그런 승소는 논문으로 이어질 수도 있다. 강의나 강연에서 할 말도 생긴다. 관련 분야 연구 용역으로 연결되기도 한다.

언론에 크게 보도되는 사건도 나쁘지 않다. 연예인, 스포츠 스타,

정치인 등 유명한 사람 사건도 마찬가지다. 내가 지금 여기에서 이렇게 열심히 일하고 있음을 널리 알릴 좋은 기회가 된다. 하지만 대중에게 알려진 사건은 변호사에게 '모 아니면 도'다. 실제 그 소송의 사실관계나 난이도와 관계없다. 대중은 일단 겉으로 보이는 것만 신경 쓴다. 따라서 그런 사건 승소하면 명망을 얻지만 지면 망신만 당한다. 그러니 더더욱 잘 처리해야 한다. 이렇게 열심히 일한다는 걸 많은 사람이 알아야 앞으로 내가 선택받을 기회가 그만큼 많아진다. 수임→노력→승소→홍보→수임으로 이어지는 아름다운 선순환 구조를 만들어야 한다. 그래서 사람들의 주목을 받는 사건은 꼭 이겨야 한다.

반대로 반드시 피해야 하는 사건도 있다. 사법 피해를 호소하는 사건들은 과감히 걸러내야 한다. 수임하지 않는 게 상책이다. 아니 이 무슨 돈독 오른 변호사의 모습이냐고? 조금 진정하고 들어보시라. 놀랍게도 대부분의 사법 피해 호소 사건은 오해에서 비롯한다. 먼저 망상에 빠져 피해자를 자처하는 사람도 적지 않다. 저런 상태이기 때문에 재판이 꼬인 건지, 아니면 큰 충격을 받고 억울함에 저렇게 된 건지 모르겠지만 그들에겐 재심보다 치료가 절실하다. 한편 절차를 잘 몰라서 불이익을 입게 되는 경우도 많다. 법리를 제대로 알지 못해서 억울함을 호소할 때도 있다. 그리고 결국은 사회 불신과 만인에 대한 공격성으로 이어진다. 이런 사건은 대부분 끝이 좋지 않다. 봉사하는 마음으로 접근하면 안 된다. 큰 코 다친다.

큰 코 다친 실제 경험이다. 역시 억울함을 호소하는 의뢰인이었다. 공직 사회 비리 피해자라는 주장을 믿었다. 아직 젊을 때였다. 불필요한 정의감이 작동했다. 그 사건을 다룬 TV뉴스까지 나오면서 판단력이 흐려졌다. 하여튼 언론이 문제다. 그런데 자세히 보니 뭔가 이상했다. 사실상 사법농단과 전혀 관련 없는 사건이었다. 그 부분을 제거하고 보니 이기기 불가능해 보였다. 그래서 승소를 자신하는 다른 변호사가 맡는 게 좋겠다고 생각했다. 반드시 내가 모든 재판에 직접 출석해달라는 특별 요구를 들어줄 수도 없었다. 그래서 선의를 가지고 솔직하게 이야기했다. 나는 못 하겠으니 다른 변호사에게 가시라고. 하지만 그게 화근이 되고 말았다. 그때부터 난데없이 모든 화살이 나에게 돌아왔다. 정상인은 제정신 아닌 사람을 절대 당해낼 수 없다는 일생일대의 교훈을 얻었다.

자세한 내막을 다 이야기 할 수 없어 답답하다. 지금 생각해보면, 그 사람에게는 그저 누군가 괴롭힐 대상이 필요했던 것 같다. 온갖 곳에 투서를 넣었다. 나를 헐뜯고 비방하는 내용이었다. 황당했다. 한참 지나고 나서야 겨우 조용해졌다. 다른 새로운 먹잇감이 나타난 걸까. 말도 안 되는 내용이었기 때문에 별 일은 없었지만, 황당한 일에 대응하느라 시간 낭비한 게 너무 아깝다. 내가 잘못 판단하는 바람에 직원들까지 고생했다.

그런데 나중에 알고 보니 그게 끝이 아니었다. 내가 미처 인지하지 못한 사이에도 쉬지 않고 이곳저곳에 집요한 공격과 공작을 계

타락천사

속해왔다. 그런 사실을 모종의 경로를 통해 나중에야 알게 됐다. 아직 모르는 일이 더 많을 수도 있다. 그 집념이 대단하다. 시간 여유가 부럽다. 눈 마주치는 사람 모두를 향해 소장과 고소장을 날리는 패기. 남 눈치 안 보는 추진력. 박수를 보낸다. 안 말릴 테니 하고 싶은 대로 계속 마음껏 더 해라.

이런 무법자들로 인해 우리 사회가 치르는 비용이 너무 많다. 세금도 적지 않게 낭비된다. 사람이 싫다. 너무너무 싫다. 사람 같지도 않은 것들이 징글징글하다. 그런 존재들과 같은 세상 살아간다는 사실이 절망스럽다. 아마 그 사람도 지금 이 책을 읽고 있을 거다. 하지만 걱정하지 마시라. 신상 드러나지 않도록 잘 조치해뒀다.

지금도 법원 앞에는 1인 시위자들이 몰려든다. 다들 나름의 사연이 있을 것이다. 하지만 분노하기에 앞서 자신부터 돌아봐야 한다. 법원이 왜 그런 판단을 했는지 살펴봐야 한다. 어지간하면 이유가 있다. 법적으로 설명된다. 하지만 그들은 귀담아들으려 하지 않는다. 애초에 대화가 안 된다. 아니다. 다 의미 없는 이야기다. 대화와 설득이 되면 애초에 그런 행동 할 리 없다. 주변 사람이 나만 마주치면 눈치 보면서 피하는 것 같다면, 그건 그 사람 잘못이 아니다. 내 잘못이다.

물론 실제로 억울한 일을 당한 피해자를 만날 때도 있다. 한번 패소했지만 다른 방향으로 접근하면 뒤집을 수 있어 보이는 사건도 없지 않다. 도움을 주면 마음이 편해진다. 금액 대비 누구보다 열심히 최선을 다해 도와줄 자신도 있다. 그래서 돈에 눈먼 어떤 변호사가 헐값에 수임해서 대충 처리해버리지는 않을까 걱정도 한다. 그런데 그런 의뢰인은 돈이 없을 가능성이 크다. 그래서 경영자는 선택에 내몰린다. 상담까지 마친 다음에는 마음이 더 무거워진다. 마음의 후련함이냐, 합당한 보수냐. 어떤 선택이 옳은가. 어려운 문제다.

요즘 세상에는 맞지 않지만 "여자 팔자는 뒤웅박 팔자"라는 말이 있다. '있었다'는 표현이 적절하겠다. 뒤웅박은 꼭지 가까이에 주먹만 한 구멍을 뚫고 속을 파내 만든 바가지다. 씨앗, 곡물 등을 보관하는 용도로 쓰였다. 검색해서 사진을 찾아보면 바로 이해될 거다. 부잣집은 뒤웅박에 쌀을 담고 가난한 집은 여물을 담기 때문에, 여자는 부잣집으로 시집가느냐 가난한 집으로 가느냐에 따라 팔자가 결정된다는 말이다. 물론 이미 오래전 사용 기한 넘긴 옛날이야기다.

그런데 이 낡아빠진 말이 여전히 변호사에게는 잘 맞아떨어진다. 변호사 팔자는 '사건'에 달려있다. 내가 일하는 회사의 뒤웅박에 어떤 '사건'이 담기느냐에 따라 변호사 인생이 달라진다. 만약 운 좋게 스스로 고를 수 있다면, 내 뒤웅박에 담길 '사건'을 최대한 잘 골라야 한다. 좋은 '사건'을 만나기 위해 늘 노력해야 한다.

하지만 세상만사 다 그렇듯 변호사 업무도 내 마음대로 되지 않

타락천사

는다. 뭔가 이상하고 떨떠름하지만 부탁받은 사건이라 마지못해 떠맡을 때도 있다. 돈 때문에 거절하지 못하는 사건도 있다. 고용된 변호사들은 대표변호사가 수임해서 던져주는 사건이 맘에 들지 않아도 처리할 수밖에 없다. 그게 고액의 급여를 받는 대가이니까. 그리고 간혹 불법 브로커가 제공하는 말도 안 되는 사건이라도 받아서 푼돈 버는 변호사도 있다. 자괴감이나 양심의 가책보다 생계유지가 우선이기 때문이다. 이해한다. 하지만 공감은 못 하겠다.

다양한 분야와 유형의 사건을 매일매일 새롭게 접하고 있다. 그걸 용하게도 다 처리하면서 하루하루 버텨낸다. 성취와 수명을 맞교환한다. 이렇게 다양한 사건을 다루다 보니 이상한 일을 완전히 피하기는 어렵다. 변호사만 아니었으면 만날 일 없는 이상한 사람을 계속 만날 수밖에 없다. 변호사 생활로 얻는 것도 많지만, 그에 따르는 부작용도 크다.

점점 더 사람이 무서워진다. 시간이 갈수록 세상이 두려워진다. 내 주변 세상이 흑백 화면으로 보인다. 선명하고 화려한 총천연색 아름다움은 잘 느껴지지 않는다. 그래서 사람이 싫다. 어느 날 갑자기 이렇게 된 건 아니다. 여러 계기가 있었고 결정적인 변곡점이 있었다. 잊을 수 없고 잊어서도 안 되는 그런 기억을 큰맘 먹고 아주 조금 풀어내려 한다.

슬픈
카멜레온

변호사는 처량하다. 이래도 욕먹고 저래도 욕먹는다. 변호사는 용병이므로, 지시에 따라 공격도 하고 수비도 한다. 공격수로 기용되면 상대를 무참히 저격한다. 수비수로 들어가면 어떻게든 막아내야 한다. 사건에 따라, 입장에 따라, 상황에 따라 그에 맞는 임무를 수행한다. 그게 변호사다.

카멜레온. 열대 동물이라 우리나라에서 보기 힘들지만 그리 낯설지 않다. 1989년에 발표된 박영규의 명곡도 있고, 〈모탈 컴뱃〉, 〈엔젤하트〉 같은 콘텐츠에도 이 이름을 가진 캐릭터가 등장하지만, 상황에 따라 피부색이 자유자재로 바뀌는 사실 그 자체로 유명하다. 그래서 우리는 변덕스럽거나 지조 없는 사람을 카멜레온이라 부른다. 구한말 친청親淸으로 시작해 친미親美, 친러親露를 거쳐 독립협회 기웃거리다 친일親日로 정착한 기회주의자 이완용이 카멜레온의 전형이다.

하지만 카멜레온이라고 손가락질만 당하는 건 아니다. 만화영화 〈시간탐험대〉의 주전자 타임머신 돈데크만처럼 속이 빤히 보여서 오히려 밉지 않고 귀여울 수도 있다. 그리고 직업상 카멜레온이 되어야 하는 사람도 있다. 변호사가 그렇다. 맡은 사건에 맞춰 나의 모든 걸 바꿀 수 있어야 한다. 생각과 소신도 사건마다 재판마다 달라져야 한다. 그래서 변호사는 카멜레온이다. 처량하고 슬픈 카멜레온이다.

의료사고는 생각보다 자주 발생한다. 가벼운 사고도 있지만, 크게 다쳐 불구나 식물인간이 되거나 사망하기도 한다. 합의금 주고받으며 조용히 상황 정리되기도 하지만, 초기에 원만히 해결되지 않으면 문제가 심각해진다. 생명, 신체, 건강, 금전 문제인 데다 양 측의 자존심까지 걸려 있기 때문에 자신의 모든 것을 건 법정 다툼으로 이어진다. 형사와 민사 모두 진행되고, 의사 자격이 문제 될 수도 있다. 그래서 대립이 격해질 수밖에 없다.

의료사건에서 변호사는 어느 쪽에도 설 수 있다. 억울하게 피해 본 의료 소비자와 함께 맹렬히 병원을 공격할 때도 있고, 반대로 병원과 의사 쪽에 서서 법대로 하자며 냉정하게 방어하기도 한다. 상황에 따라 입장이 달라진다. 누가 나의 의뢰인이냐에 따라 하는 일

墮落天使

이 달라진다. 변호사는 고용된 총잡이니까.

수사부터 재판까지 6년 넘게 걸린 사건도 있다. 유명한 강남 대형 성형외과 병원이었다. 20대 여성이 주름 제거 수술을 받았다. 수술이라고 부르기 민망할 정도로 간단한 일이었다. 그런데 마취 직후 경련을 일으키더니 호흡을 제대로 하지 못했다. 급히 종합병원으로 후송했으나 안타깝게도 의식을 잃고 식물인간 상태가 되고 말았다. 그 젊은 나이에 이런 일이라니. 가족은 절규했다. 그리고 분노했다. 집도의는 죄인이었다.

업무상과실치상. 경찰, 검찰을 오가며 여러 차례 조사받았다. 수사관이 날카롭게 추궁했지만 혐의 입증이 쉽지 않았다. 환자의 상태를 고려하여 그 긴 수사를 모두 참아냈다. 여러 증거를 제출했고 더 이상 변수가 없을 줄 알았다. 하지만 수사는 종결되지 않았다. 결론 없이 시간이 흘러갔다. 수사 시작한 지 3년 가까이 지나서 드디어 검사가 결론을 내렸다. 의외였다. 의사가 기소됐다.

재판은 4년이나 걸렸다. 검사는 다시 추궁했다. 6년 동안 같은 말이 반복됐다. 마취과 전문의가 현장에 없던 것 아닌가? 있었다. 부작용 위험 검사 안 한 것 아닌가? 했다. 마취제 종류 잘못 결정한 것 아닌가? 제대로 골랐다. 마취제 용량이 과다했는데? 적정량이다. 종합병원 후송이 늦었다. 늦지 않았다.

다 해명됐다. 남은 쟁점은 응급조치 하나였다. 검사는 응급조치

타락천사

가 제대로 이루어지지 않았다고 봤다. 호흡 곤란 증상을 확인하면 곧바로 기도에 삽관揷管하여 산소를 공급했어야 하는데, 당시 의사가 조치하지 않아 환자가 식물인간이 되었으므로 처벌되어야 한다는 주장이었다. 관련 서적과 의학 논문을 연구했다. 전문가 의견도 확보했다. 반드시 기도 삽관부터 해야만 하는 건 아니었다. 위험성 낮은 다른 응급조치를 먼저 취한 당시 의사의 조치가 옳았다. 따라서 의사의 업무상 과실이 인정될 수 없다고 반박했다.

길고 긴 재판을 거쳐 내려진 법원의 판단은 무죄. 1, 2, 3심 모두 무죄였다. 결국 형사 법정의 최종 결론은, 누구의 과실도 없는 '사고'였다. 피해자는 있지만, 가해자는 없다. 재판이 열릴 때마다 법정에서 환자 가족의 분노를 목격했다. 비난의 눈초리를 감수했다. 하지만 어쩌겠는가. 우리는 변호사인 것을. 냉정하고 차분하게 법적으로 접근하고, 검토 결과에 맞춰 일하면 된다.

하지만 당연히, 반대 상황도 있다. 피해를 호소하는 의료 소비자 측에 설 때다. 대체로 난감하다. 의료소송은 애초에 병원 쪽으로 기울어진 운동장이다. 일단 증거가 부족하다. 환자와 그 가족은 가장 기본인 진료기록 확보도 제대로 하지 못할 때가 많다. 사고 직후 경황없을 때 그런 신경까지 쓰기는 쉽지 않다. 심지어 병원은 수술기록, 간호기록을 변조하기도 한다. 아예 싹 갈아버릴 때도 있다.

또한 의료 분쟁 해결에 필요한 전문 지식도 환자에게는 큰 걸림돌이 된다. 법관조차 전문가의 도움을 받는다. 의사협회 또는 의사 개인을 감정인으로 지정하고, 감정인이 진료기록이나 환자의 신체를 감정한다. 감정 결과는 판결에 큰 영향을 미친다. 대단히 중요하다. 하지만 과연 공정한가? 객관적인가? 환자에게 억울한 부분이 없을까? 의사들의 엇나간 동업자 의식이 전혀 없을까? 늘 갖게 되는 의문이다.

한편 병원은 최대한 시간을 끌면서 유리하게 협상하려 시도한다. '시간은 우리 편'이라는 생각이다. 병원은 돈이 있지만 환자 측은 그렇지 못하다. 감정을 맡겨도 결과 받으려면 한참 기다려야 한다. 괘씸하지만 병원 입장에서는 상당히 효과적인 협상 전략이다. 중동의 침대축구가 떠오른다. 병원에 맞서 버틸 수 있는 금전적 여유와 강인한 정신력이 없으면 오래 가지 못하고 무너진다.

의료소송에서만 입장이 달라지는 건 아니다. 엔터테인먼트 사건도 마찬가지다. 여러 연예기획사와 함께 일했다. 사장 혼자 모든 일을 하는 영세한 회사가 많았지만, 주식시장에 상장된 큰 기업도 있었다. 그런데 소속 연예인을 상대로 법적 조치를 취하거나 일방적으로 다른 기획사로 떠난 사람에게 책임 추궁하는 경우가 종종 있다. 심지어 한 아이돌 그룹 멤버는 사장에게 돈 빌린 후 갑자기 결혼한다고 도망쳤다. 물론 계약 기간 중이었다. 남편은 지금은 한물갔지만 예전에는 최고의 인기를 누리던 연예인이었다. 남편 형편도 썩 좋지 못했지만 그래도 일부 대신 갚기로 하고 잘 마무리했다. 지금 당장 돈이 없어도 맘만 먹으면 금방 벌 수 있을 거다. 이렇듯 이쪽 세계에선 별일이 다 생긴다.

반대로 연예인의 의뢰를 받아 회사를 상대하기도 한다. 잘나가는 연예인이야 그럴 일 없지만, 대부분은 매우 열악하다. 애초에 계약 자체가 불공정한 때도 있다. 표준계약서를 사용하지만, 특약 사항을 넣어서 슬쩍 피해간다. 회사의 투자비용을 제하고 이익이 남아야 정산이 이뤄지는데, 대부분 그 단계에 도달하지 못한다. 남녀 가리지 않고 성 관련 사건이 터지기도 한다.

유명한 엔터사와 일 할 때였다. 여러 가수와 배우들이 속해 있었지만, 가깝게 지내지는 못했다. 생각 자체가 다르다는 느낌이 들었다. 우리와 다른 사람이었다. 그 회사가 한 아이돌 그룹 멤버들에 대한 법적 대응을 은밀히 타진했다. 평소 별다른 논란거리 없이 모범적인 모습을 보이던 유명 그룹이었다. 하지만 알고 보니 실제로는 여러 갈등이 있었다. 멤버도 많고 엮인 사람이 많다 보니 분쟁 요소도 다양했다. 내 고객인 회사를 위해 최선을 다해 조력했다. 변호사라면 언제나 의뢰인의 이익을 지키기 위해 노력해야 한다. 그렇게 일하는 과정에서 다른 사람이 손해 보는 건 어쩔 수 없다.

이쪽 일을 할 때는 연예 산업의 특성을 고려해야 한다. 누가 잘했는지 잘못했는지는 나중 문제다. 시끄러워지면 모두에게 손해다. 대중은 늘 맘 편히 물어뜯으며 즐길 거리를 찾는다. 연예계 뒷이야기는 그 가운데 최고다. 일단 그 꼴은 피하고 보는 게 상책이다. 그래서 긴 회의 끝에 나름 합리적인 봉합책을 마련해 제공했다. 엄밀히

볼 때 해결책은 아니었지만, 연예계에선 봉합이 곧 해결을 의미하기도 한다. 그렇게 잘 끝나는 줄 알았다.

그런데 바로 다음 날. 전혀 예상하지 못 한 일이 생겼다. 그 아이돌 그룹 멤버들이 만나자며 연락해왔다. 서운하다는 이야긴가 했는데, 아니었다. 그동안 겪은 기획사의 불합리한 처사를 비난하며 도움을 요청했다. 회사 상대로 소송하고 싶으니 도와달라는 부탁이었다. 난감했다. 잘 다독이고 진정시켜서 돌려보냈다. 회사에는 이야기하지 않았다. 하지만 지금 생각해보면, 회사가 자기들에게 어떻게 대응할지 알아내기 위해 정보를 캐러 왔던 거였나 싶기도 하다.

연예계 종사자는 역시 다르다. 나처럼 평범한 사람이 이해하기 어렵다. 그때 그 갈등 역시 전혀 기사화되지 않고 조용히 무마됐다. 당연히 내가 중간에서 잘 조율한 덕분이라 생각했다. 하지만 아니었다. 나의 해결책과 전혀 다른 방향으로 마무리됐다. 사고방식 자체가 달랐다. 늘 정돈된 사고를 하면서 득실을 냉정히 따지도록 훈련받은 법조인과 그들은 달라도 한참 달랐다. 양쪽 모두 진정한 고수였다. 이렇게 이익이 달린 일에 나이는 별 상관없는 것 같다. 그 애들이 나보다 한 수 위였다. 이렇듯 막상 알고 보면 모두가 다 카멜레온이다. 변호사만 그런 게 아니었다. 그러니 너무 큰 부담 없이 살아도 되지 않을까?

타락천사

세상에는 다양한 직업이 있다. 쉬운 일은 하나도 없다. 놀면서 돈 버는 것처럼 보이는 일도 알고 보면 결코 쉽지 않다. 다 힘들다. 그걸 참고 버티고 견딘다. 변호사도 마찬가지. 특히 업무와 양심이 충돌할 때 고민한다.

큰 사업 하는 고객의 전화였다. 막내아들이 음주 운전을 했다는 내용. 아직 군대도 안 간 20대 초반인데 벌써 음주 운전 전과 2범이었다. 그동안 벌금으로 끝났지만, 이번에는 사고까지 냈다. 다행히 사람을 치진 않았고 도로변 구조물과 가로수를 들이받았다.

그런데 사고 후 처리를 도와달라는 전화가 아니었다. 벌써 먼 지방으로 내려가 꼭꼭 숨은 상태였다. 어린 애가 무서워서 겁먹고 도망갔다고 말했지만, 별로 그런 느낌은 들지 않았다. 아버지의 목소리도 그다지 다급하지 않았다. 걱정거리를 공유하고 싶어 하는 느낌이었다. 그리고 확인받고 싶은 것 같았다. "이럴 때는 일단 피하는 게 맞지? 숨어 있다가 며칠 후 자수하면 되겠지? 그러면 음주 운전은 피할 수 있지? 그렇지?" 대놓고 그런 말을 하지는 않았지만 대충 느낌이 왔다.

술 마시고 운전하면 안 된다. 절대 안 된다. 판단력과 신체 조절 능력이 저하된다. 큰 사고로 이어진다. 나만 다치는 게 아니다. 타인의 삶까지 망친다. 경찰과 도로교통공단에 따르면 매년 20만 건 이상 교통사고가 발생하고 3천 명 정도가 사망한다. 전체 사고 중 음주 운전 사고는 약 10%로 하루 평균 50건이나 된다. 그리고 매년 400명 가까이 목숨을 잃는다. 다행히 줄어드는 추세이지만 여전히 많은 사람이 음주 운전으로 죽거나 다친다.

술 마시고 운전하면 무조건 처벌받을까? 당연히, 너무나 당연히 그럴 것 같지만, 무조건 처벌되는 건 아니다. 도로교통법 제44조는 술에 취한 상태에서 자동차, 자전거 등을 운전하지 못하도록 한다. 이 규정을 어기고 술에 취한 상태에서 운전한 사람은 처벌된다. 즉 우리 법은 술 취해 운전한 사람을 처벌한다. 그래서 '음주 운전'이 아니라 '주취 운전'이다. 술 '마시고' 운전했다고 다 처벌하는 게 아니라, 술 '취한' 운전자가 처벌된다.

그럼 술에 취했는지 아닌지 어떻게 판단하나? 실제로 주량은 사람마다 다르지 않나? 그래서 주취 여부는 일률적으로 판단한다. 혈중알코올농도가 0.03% 이상일 때 술에 취했다고 본다. 그걸 넘어 0.08%와 0.2%를 기준으로 법정형이 더 올라간다.

하지만 주취 운전도 증거 없으면 무죄. 아무리 의심되더라도 형벌을 가할 수 없다. 그게 법의 원칙이다. 운전 시점의 혈중알코올농도를 알아야 처벌할 수 있다. 측정을 못 하면 처벌도 못 한다. 일단 측정을 해야 위드마크 공식Widmark(음주운전 당시의 혈중알코올 농도를 역으로 계산하는 방법)을 적용해서 기소라도 할 수 있다. 그런데 아예 측정 자체가 없었다면? 일단 주취 운전 처벌은 피할 수 있다. 그래서 일단 현장에서 도망치는 사람이 생겨난다.

유명 연예인들의 훌륭한 선례가 사람들에게 잘 알려져 있다. 사고 후 도주하거나 차 버리고 도망가 숨어서 일단 음주 운전 처벌만은 피하겠다는 꼼수. 특히 연예인, 방송인은 음주운전에 따른 도덕적 비난이 인기와 수입에 직접적인 영향을 주기 때문에 순간적으로 고민에 빠지게 될 거다. 사고 후 차 버리고 도망쳤다가 이틀 후 경찰에 나온 '실장님'. 진실을 알 수는 없지만, 강한 의심에도 불구하고 음주 운전 처벌은 피했다. 사고 후 20시간 만에 출석한 '드림팀'도 그렇다. 검사가 기소했지만, 대법원에서 음주 운전 부분은 무죄판결 확정됐다. 음주 측정을 하지 못해 범죄 사실이 증명되지 않았기 때문이다.

물론 모든 처벌을 면하는 건 아니다. 사람 쳐서 다치게 하고 도망치면 당연히 뺑소니다. 도주차량 운전자는 가중 처벌된다(특정범죄 가중처벌 등에 관한 법률). 사람을 치지 않았더라도 사고로 물건 손괴하고 도망가면 사고 후 미조치로 처벌된다(도로교통법). 그래서 실장님도, 드림팀도 처벌을 받긴 했다. 하지만 음주 운전 관련해서는 의심을 자초했다.

지금도 음주 사고 내고 차 버려둔 채 도망치는 사람이 있다. 심지어 집으로 뛰어 들어가 냉장고에서 술을 꺼내 마시거나 근처 편의점에서 허겁지겁 병째로 마시기도 한다. 음주 측정에 혼란을 주기 위한 건데, 그건 전혀 소용없는 짓이다. 연예인 사건이 대중에게 잘못된 신호를 준 건 아닌지 걱정된다.

아, 그리고 그 막내아들 사건에서, 나는 "사장님. 무슨 말씀인지 알겠는데요. 그래도 술 마시고 운전하다 사고 냈으면 대가를 치러야죠. 이걸 부모가 그냥 두면 되겠습니까? 당장 올라와서 자백하고 법의 심판 받는 게 낫지 않나요? 어차피 부모 잘 둬서 평생 걱정 없이 놀고먹을 텐데, 젊은 친구가 그럴수록 세상 무서운 줄 알고 감사하는 마음으로 살아야죠. 이번 기회에 제대로 처벌받고 새로 태어나는 게 좋지 않겠습니까? 그게 부모로서 자식에게 해야 하는 일 아닌가요? 일단 도망가서 숨어 있으라고 코치할 게 아니고요. 사장님, 그렇지 않습니까?"…, 라고 말하지는 못했다.

막내아들은 휴대전화를 꺼놓고 온라인 게임 접속도 안 하고 일주

타락천사

일 동안 조용히 잘 쉬었다. 사고 당시 함께 타고 있던 여자와도 전혀 연락을 취하지 않았다. 평소 상상할 수 없었던 고도의 자제력을 발휘했다. 경찰이 부모에게 아들 어디 숨었는지 밝히라고 재촉하자 아예 출장 핑계로 외국에 나가버렸다. 역시 큰 사업 하는 사람이라 스케일이 컸다.

아들은 일주일 후 자진 출석했다. 당연히 미리 전화해서 경찰과 조율했다. 결론은 앞에서 살펴본 바로 그 '사고 후 미조치'였다. 싸게 막았다. 하지만 진실은 명백했다. 피의자 본인도 알고, 변호인도 알고, 심지어 경찰도 알았다. 하늘이 알고 내가 알고 네가 안다는 수준을 넘어 그냥 세상 모두가 아는 뻔한 이야기였다. 하지만 그렇게 마무리됐다. 법이 그렇다. 그리고 그 법이 나의 생계수단이다. 변호사 일 참 힘들다. 집에 가서 맥주나 마셔야겠다. 무알콜로.

가여운
의뢰인

변호사는 안타까운 일을 당한 의뢰인을 돕는다. 그리고 함께 분노한다. 분노하며 최선을 다해 일한다. 변호사에게는 일상이지만, 당사자에게는 평생 처음 겪는 초대형 사건인 경우가 많다. 지쳐가는 의뢰인에게 힘내라고 응원하고 독려하지만 변호사도 인간이다. 함께 지쳐간다.

하지만 큰 차이가 있다. 변호사는 힘들어도 내색하면 안 된다. 그래서 공감 능력 뛰어나지 않은 게 오히려 다행이다. 단순한 공감은 의뢰인에게 도움 되지 않는다. 변호사는 냉정해야 한다. 의뢰인이 흔들릴 때 꽉 붙잡아줘야 한다. 그게 임무다. 쉬운 일이 아니다. 지금도 나 자신을 다잡기 위해 이렇게 긴 글을 쓰고 있지 않은가.

살면서 억울한 일을 당할 때가 있다. 아무런 잘못 없이 큰 피해를 보기도 한다. 의뢰인 중에도 그런 경우가 많다. 우선 전 남편을 살해한 고유정 사건이다. 범행 장소는 제주도 펜션이었다. 가족 단위로 편하게 쉴 수 있는 인기 좋은 곳이었다. 그날도 평소처럼 예약 받고 방을 내줬다. 적어도 겉으로 드러난 수상한 사정은 없었다. 그런데 거기서 그런 끔찍한 일이 벌어졌다.

펜션 업주에게는 아무런 잘못도 없다. 피해자다. 정말 명백하게 순수한 피해자다. 그런데 몇몇 언론은 굳이 거길 찾아가 제대로 가리지도 않고 방송에 내보냈다. 이야기는 삽시간에 퍼졌다. 안타까운 일이다. 그날 이후 단 하루도 영업을 하지 못했다. 펜션은 계속 비어 있다. 팔려고 내놔도 안 팔린다. 흉가가 되어 간다. 퇴직금 받아 노후 대책으로 시작한 일이었는데 한순간에 주저앉고 말았다.

고유정을 상대로 손해배상을 청구했다. 당연히 이길 수 있는 소송이었다. 중요한 건 고유정의 상태였다. 고유정이 재산을 가지고 있으면 강제집행이라도 해서 어떻게든 받아낼 수 있다. 개인 재산이 없어도 가족이 대신 갚아줄 수 있지만, 그게 의무는 아니다. 기대하기 어려웠다. 따라서 고유정 본인 재산이 있어야 한다.

하지만 소 제기 전에는 정확한 상황을 알기 어려웠다. 그래서 의뢰인에게 솔직하게 말했다. 이길 수는 있지만 돈을 받아낼 수 있을지는 사실 잘 모르겠다고. 부모가 부자일지라도 부모에게 직접 법적 조치를 취하기는 어렵다고. 이겨도 이긴 게 아닐 수 있다고. 미리 이야기했다. 의뢰인에게는 승소 판결문이 중요한 게 아니라 실제로 돈을 받을 수 있는지가 중요하기 때문이다. 의뢰인은 고민했다. 그 래도 너무 억울해서 뭐라도 해야겠다고 했다. 그래서 시작했다.

곧바로 가압류부터 검토했다. 영치금. 요즘에는 보관금이라 하지 만 아직도 영치금이 익숙하다. 가족이 부자라던데 그래도 영치금은 넉넉히 넣어주지 않을까? 영치금 반환 채권을 가압류했다. 하지만 겨우 수십만 원 정도였다. 일단 그거라도 붙잡았다.

사실 영치금 없이 버티기는 쉽지 않다. 생각보다 돈이 많이 필요 하다. 돈으로 해결할 수 있는 일이 적지 않다. 구치소, 교도소 생활 의 질이 크게 달라진다. 밖이나 안이나 다를 게 없다. 다 사람 사는 곳이다. 그래서 여전히 의심이 됐다. 미리 짜고 동료 수용자 명의로 받아서 수수료 떼 주고 사실상 자기가 쓰는 건 아닌지. 물론 직접 확인하기 쉽지 않은 일이다. 이런 상황에서 손해배상 소송이 진행 됐다.

예상대로 승소했다. 이어서 형사재판도 끝났다. 전 남편 살인은 유죄. 하지만 의붓아들 살인은 무죄. 검사가 사형을 구형했으나 무 기징역이 선고됐다. 피고인은 반성한다고 밝혔다. 하지만 바로 그다 음 날 펜션 주인과의 민사소송에서는 항소했다. 이런 걸 보면 정말 진지하게 반성하고 있는 건지 잘 모르겠다. 아무런 잘못도 없는 사 람이 엉뚱한 손해를 입었다. 회복하기 어려운 큰 피해다. 고유정 명의 재산이 없기 때문에, 판결금의 대부분을 받아내지 못하고 있다. 의뢰인 노부부만 불쌍하다.

얼마 후 무기징역 형이 확정됐다. 사면, 가석방, 형집행정지 아니면 교도소 밖으로 나올 수 없다. 죄가 무거운 만큼 사회와 영구 격리됐다. 그런데 의뢰인의 피해는 어떻게 하나. 누가 책임지나. 누구도 신경 써주지 않는다. 알아서 극복하고 해결해야 하는 상황이다. 내가 그런 상황이라면 어떻게 할까. 상상만 해도 아찔하다. 사람이 싫다. 사람이 무섭다.

한 의뢰인이 다쳤다. 우연히 싸움에 휘말렸다가 쇠망치로 머리를 맞았다. 입원해 치료받았지만 인지 기능 장애가 생기고 말았다. 10살 어린이 지능 수준이 되어버렸다. 회복이 불가능하고 평생 안고 가야 한다. 싸움이 벌어진 배경이 있었기 때문에 얼마 배상해야 하는지를 두고 소송이 진행됐다.

억대 손해배상금을 받았다. 상대방이 지급하지 않아서 강제집행을 통해 겨우 받아냈다. 그리고 처벌도 받도록 했다. 하지만 배상금 받는다고 뇌 기능이 회복되지 않는다. 가해자가 징역 산다고 내 건강이 돌아오지도 않는다. 그날 밤 쇠망치로 맞기 전 상태로 되돌릴 방법은 없다.

가정폭력 사건도 변호사를 힘들게 만든다. 가정폭력은 생각보다 자주 발생하는데, 피해자가 제대로 대응하지 못하는 경우가 너무 많다. 지속적 폭력과 정신적 지배에 굴복한다. 영혼을 갉아먹는다. 유명인이라고 다르지 않다. 직업, 재산, 학력, 교양, 나이 상관없다. 상상도 못 했던 사람으로부터 가정폭력 사건을 도와달라는 부탁을 받기도 한다. 대중에게 알려지는 것 자체가 치명적이어서 피해자의 피해만 더 커진다. 법적 대응이 유일한 해결책은 아니겠지만 그래도 효과적인 대응책 중 하나다. 한번 주저하면 계속 주저앉게 된다.

팝 아티스트 낸시 랭. 독특한 차림새와 톡톡 튀는 언행으로 유명하다. 엄청난 부자로 알려진 왕진진과 결혼했다. 카지노, 숨겨진 아들, 마카오 생활, 중국 골동품 등 온라인이 떠들썩했다. 하지만 대부분 진실이 아니었다. 이미 여러 매체를 통해 그동안의 일이 아주 자세히 보도되었으므로, 그 정도 수준에서 다시 정리하는 건 괜찮지 않을까 생각된다. 의뢰인은 혼인 기간 중 심각한 피해를 봤다. 폭력 수위가 상당했다. 금전적으로도 처참했다. 그동안 버틴 게 대단했다. 쉬쉬하고 숨길 수밖에 없었을 거다. 다른 유명인들처럼. 하지만 이제는 신속히 조치 취하지 않으면 큰일 날 상황까지 이르렀다.

관련 법령은 잘 정비되어 있었다. 이제는 수사기관이 가정폭력 범죄에 적극적으로 나선다. 더는 밖에서 개입하면 안 되는 집안 문제가 아니다. 그동안의 실수와 시행착오에서 배운 게 많다. 아무래도 성 관련 사건에서는 동성 변호사가 편할 수 있다. 같은 팀 여성 변호사가 발 벗고 나섰다. 가정폭력처벌법 등 법령에 있는 제도를 최대한 이용했다. 그동안의 피해 사실을 정리해 고소했고, 곧이어

타락천사

구속영장이 발부됐다. 그러자 상대방이 잠적했다.

영 찝찝했다. 이미 간접적 경로로 은근한 협박까지 받은 상태였다. 여전히 대신 움직일 수 있는 '어깨'들도 있었다. 의뢰인을 위해 처음부터 강하게 대처한 것이 상대를 자극했을 거다. 영장까지 발부됐다. 그런데도 도망쳤다. 이제 내가 언제 어떤 일 당할지 모르는 상황이었다. 하지만 겁먹고 도망갈 수는 없는 노릇. 일단 직원들에게 문단속이라도 철저히 하라고 시켰다.

간혹 상담 예약도 없이 막무가내로 들어오려는 사람이 있다. 그래서 등록된 지문을 터치하고 인식되어야 문이 열린다. 방문객들에게 야박해 보일 수 있지만 어쩔 수 없다. 이런 상황에서는 더욱더 그렇다. 모두 약간씩 불안감을 느끼던 중 다행히 어떤 유명한 사람의 제보로 붙잡을 수 있었다. 체포 장소는 노래방이었는데, 사무실에서 겨우 5분 거리였다. 재판을 거쳐 유죄 판결이 나왔다. 몇 년 지나면 출소할 테지만, 그때 걱정은 그때 다시 해야겠다.

교통사고도 무섭다. 가까스로 목숨은 구했지만 신체 일부를 절단한 외국인 의뢰인을 생각하면 지금도 마음이 무거워진다. 가족이 앞으로 계속 곁에서 돌봐야 한다. 손해배상을 두고 보험사와 길고 긴 소송을 벌여야 했다. 하루에 몇 시간씩 운전하는 사람으로서 남일이 아니었다. 누구든 언제 어디서 큰 사고를 당할 수 있다는 걸 잊지 않아야 한다.

교통사고 관련해서 한 보험금 청구 사건이 기억난다. 공무원인 남편이 사망했는데, 아내는 난데없는 그 죽음을 도저히 납득할 수 없었다. 직장 회식 끝나고 집에 간다고 헤어진 지 몇 시간 후 고속도로에서 차에 치여 즉사했다. 그런데 집 방향과 정반대 지점이었다. 10km나 떨어져 있었다. 심지어 가드레일을 넘어 들어가 왕복 8차로 도로를 건너다 사고 당했다. 설명이 잘 되지 않는 사망이었다.

원인은 술이었다. 부검 결과 혈중알코올농도는 0.2%에 가까웠다. CCTV 영상을 통해 회식 후 이동 경로도 파악됐다. 범죄 정황은 발견되지 않았다. 술 취해 정신 잃고 헤매다 엉뚱한 곳에서 안타까운 죽음을 맞은 사건이었다. 문제는 보험금이었다. 보험사가 순순히 보험금을 지급하지 않았다. 긴 싸움이 이어졌다. 힘겨운 소송 끝에 결국 받긴 했지만, 그런다고 죽은 사람이 살아 돌아오지는 않는다.

의료사고 피해자, 사기 피해자, 성범죄 피해자, 산업재해 피해자 등등. 우리 주변에는 피해자가 참 많다. 그리고 피해자들은 변호사에게 의지하고 의존한다. 의뢰인이 지치면 소송도 중단된다. 억지로 끌고 가도 원하던 결과를 얻어내기 어려워진다. 그래서 변호사는 강인해야 한다. 적어도 겉으로는 강건한 모습을 보이면서 의뢰인이 쓰러지지 않도록 받쳐줘야 한다. 그게 임무다. 그 대가로 돈을 받는다. 그 돈으로 먹고산다. 그러니 당연히 잘 해내야 한다.

하지만 무섭다. 변호사도 사람이다. 태어날 때부터 변호사였던 게 아니다. 후천적 법조인이다. 변호사는 그저 자격이고 수많은 직업 중 하나다. 과한 사명감은 좋지 않다. 무엇보다 변호사 자신을 지치게 한다. 내가 지치지 않아야 의뢰인도 지치지 않는다.

사건도 무섭고, 상대방도 무섭고, 의뢰인도 무섭고, 갑자기 울리는 휴대전화 진동음도 무섭지만, 가장 무서운 건 이 일을 앞으로도 한참 더 해야 한다는 사실이다. 지치지만 힘내야 한다. 적어도 이 일 하면서 돈 버는 동안은.

──── 연쇄살인 ────────────────────
──── 두 개의 심장 ──────────
──── 두 개의 인격 ──────────
──── 두 개의 통장 ──────────

세상에는 별일이 다 있다. 다양한 사건이 터진다. 지금 이 순간에도 쉴 새 없이 새로운 일이 벌어진다. 눈으로 보고도 믿기 힘든 사건도 많다. 토막살인, 장기 적출, 친딸 강간, 스토킹 살인 방화, 젖먹이 아들 학대 치사, 진돗개교※ 살인 암매장. 끔찍한 사건이 끊이지 않는다. 인간 본성에 대한 의문이 생긴다. 나도 인간이지만 인간이 정말 두렵다.

매주 라디오 방송에서 사건을 다룬다. 벌써 5년째다. 소개에 그치면 안 된다. 평면적 해설도 의미 없다. 대충 보면 놓칠 수 있는 부분을 골라 보여주면서 새로운 시각을 제시해야 한다. 그런데 방송 전날 오후에서야 주제가 결정된다. 촉박하다. 그리고 이 모든 걸 15분

타락천사

이라는 짧은 시간 안에 눌러 담아야 한다. 빠듯하다.

하지만 압축은 해결책이 아니다. 꽉꽉 눌러 담은 밥은 맛없다. 밥알 사이사이 숨 쉴 공간이 필요하다. 그래야 듣고 싶은 생각이 든다. 쉽지 않은 일이지만, 용어 선택과 문장 구성으로 해결한다. 평범한 글의 몇 배 이상 농도라고 자부한다. 책으로 정리하고 싶지만, 본업에 치여 사느라 엄두가 안 난다. 장기 과제로 남겨두고 있다.

유튜브를 통해서는 강력 사건 판결문을 해설하고 있다. 역시 변호사에게는 재판 이야기가 좋다. 특히 각 심급의 판단이 달랐던 사건에 주목한다. 얼마나 복잡하고 애매하고 헷갈리면 판사들 생각도 그렇게 엇갈렸을까. 유튜브에는 형식과 내용 제한이 없다. 네 시간 넘게 걸린 사건도 있다.

그런데 모두가 경악할 끔찍한 사건이 이렇게 많다니. 계속 놀란다. 그런 사건 판결문에 이런 문장이 나온다. "이 사건으로 인하여 피해자의 유족은 치유하기 어려운 극심한 정신적 충격과 고통을 안고 살아가야 할 것으로 보인다." 피해자와 그 가족, 지인의 심경을 상상해본다. 참담하다.

어떻게 하면 이런 끔찍한 범죄를 줄일 수 있을까. 잘 모르겠다. 뾰족한 해결책이 있었다면 이미 범죄가 사라졌을 거다. 하지만 여전히 범죄는 존재한다. 특효약은 어디에도 없다. 무죄라며 억울하다고 도와달라는 의뢰인도 있지만, 다 인정하면서 어떻게든 형량만 낮춰

달라는 경우도 많다. 구속되어 구치소에 있으니 밖에서 피해자 만나 합의해달라는 고객도 있다. 반대로 저 나쁜 범인을 고소해서 교도소로 보내 달라며 눈물로 호소하는 범죄 피해자도 많다.

법원행정처 사법연감에 따르면, 2019년도 형사재판 1심 사건은 모두 247,365건이다. 최근 10년 동안 매해 24만 건에서 30만 건 사이를 오르내렸다. 고소·고발 건은 훨씬 더 많다. 대검찰청의 2020년 형사사건동향 자료를 보면, 고소·고발 사건은 50만 건이고, 고소·고발당한 사람은 무려 74만 명이나 된다. 엄청나다. 물론 말도 안 되는 사건까지 다 포함된 수치이겠지만, 그래도 많긴 많다.

사실 평생 경찰서 한번 안 가본 사람이 대부분이지만, 내가 모른다고 없는 게 아니다. 내가 잘 알지 못하는 세상이 있다. 지금 이 순간에도 어디선가 범죄가 벌어지고 있다. 그래서 변호사들이 밥 먹고 산다. 그렇다고 그걸 반기는 건 아니다. 범죄가 확 줄어서 변호사들 빈곤해지면 좋겠다. 물론 그렇게 될 가능성은 없지만.

그나마 CCTV 역할이 크다. 일단 촘촘하다. 2020년 기준 공공기관 CCTV만 133만 개에 이른다(2020년 행정안전통계연보, 행정안전부). 전년보다 16%나 늘었다. 개인이 설치한 CCTV는 너무 많아 셀 수도 없다. 관리도 안 된다. 차량 블랙박스는 움직이는 CCTV다. 거의 모든 차량에 설치돼 있다. 기술이 좋아져서 대단히 선명하다. 국토 구석구석을 24시간 감시한다. 특히 골목길에 주차된 차량의 블랙박스는 엄청난 감시 도구이자 수사 도구다. 범죄 예방 효과가 크다.

심지어 연쇄살인도 줄어들었다. 물론 연쇄성이 드러나지 않아 묻혀버린 연쇄살인이 어딘가에 있을 수도 있지만, 공식적으로는 2009년 강호순 사건이 마지막 연쇄살인이다. 그 후 연쇄살인은 없다. 아니, 불과 얼마 전에도 여러 사람 죽인 살인마가 잡혔는데 이게 대체 무슨 소리지?

두 명 이상을 살해하면 다수살인Mass Murder이다. 다수살인에는 연쇄살인과 연속살인이 있다. 연쇄살인Serial Murder이란 살인에 이르는 흥분 상태가 사라질 정도의 시간적 공백(냉각기)을 두고 2회 이상 살인을 저지르는 경우를 뜻한다. 유영철, 이춘재, 정남규, 김대두, 심영구, 온보현, 정두영, 강호순 사건은 연쇄살인이다. 반면 냉각기가 존재하지 않으면 비록 여러 명을 죽였더라도 연쇄살인이 아닌 연속살인Spree Murder이다. 하룻밤 사이에 마을 주민 60명 넘게 학살한 우범곤 사건이 대표적이다.

이런 연쇄살인범이 CCTV가 두려워서 아예 범죄를 포기한다? 그건 아니다. 연쇄살인을 마음먹고 준비하고 시도하는 사람은 여전히 존재한다. 다만 첫 살인 후 적발된다. 그래서 두 번째 범죄로 이어가지 못한다. CCTV 덕분이다. 휴대전화, 신용카드, 인터넷 접속 등 추적 수단도 크게 기여한다.

이제 수사는 사실상 CCTV 분석을 의미하게 됐다. 사생활 노출이라는 치명적 단점이 있지만, 그래도 장점이 더 많다. 예전에는 범

·인으로 보이는 피의자가 부인하면 강압 수사와 자백 강요로 이어
졌다. 불법이다. 당연히 해서는 안 되는 일이지만, 당시 수사 환경
상 참작할 부분이 전혀 없진 않다. 하지만 이제는 그럴 필요 없다.
CCTV가 해결해준다. 어지간한 건 어딘가에 다 찍혀 있다. 누구도
피할 수 없다.

축구선수 박지성은 현역 시절 지구력과 성실성으로 유명했다. 많
이 뛰는 선수의 상징이다. 별명은 "두 개의 심장". 그런데 원조는 따
로 있다. 체코의 파벨 네드베드. "두 개의 심장, 세 개의 폐"로 불렸
다. 엄청난 활동량으로 수많은 업적을 쌓았다. 갑자기 웬 축구 얘기
냐고? 변호사에게도 두 개의 심장이 필요하다는 말을 하고 싶었다.
두 배로 뛰려면 두 개의 인격이 있어야 한다.

사람 묶고, 가두고, 때리고, 굶기고, 먹이고, 죽이고, 자르고, 숨기
고, 얼리고, 묻고, 심지어 토막 사체를 시멘트로 반죽해서 반은 태우
고 나머지는 바다에 버리는 사건도 접한다. 우리의 생업이다. 하지
만 사람이 계속 그런 것만 보면 어떻게 제정신으로 살 수 있겠는가.
그래서 강간 사건 기록 검토하면서도 여행스케치의 따뜻한 노래를
듣는다. 부검 보고서에 담긴 컬러 사진에 인상 찌푸리면서 레이 찰
스Ray Charles의 'Ellie My Love'를 재생한다. 심각한 아동학대사건 증
거 정리하면서 송창식, 이상은, 롤러코스터를 듣는다. 개복수술 집
도하면서 클래식 듣는 의사의 심정과 비슷할까. 왼쪽 모니터에 세
계 곳곳의 거리 풍경 영상을 틀어놓고, 오른쪽 모니터에서는 딱딱

한 법률 서면을 작성한다.

　이성과 감성. 변호사에게는 둘 다 필요하다. 하지만 둘이 섞여서 이도 저도 아니게 뭉개지지 않도록 잘 구분해야 한다. 승패 결과에 스트레스 받을 때면 인천 앞바다 개항장 거리에 서점이나 북카페 열 날을 상상한다. 바닷가도 가깝고 근대와 현대가 만나는 그 시절의 역사가 느껴진다. 제물포구락부와 자유공원도 있다. 아니면 사무실 근처에 작은 서점을 내거나 아예 사무실 한쪽을 서점으로 꾸미는 방법도 있다.

　지금 이 글을 읽는 분들은 언젠가 한번 와주리라 믿는다. 물론 적자를 면하기 어려울 거다. 시작도 안 하는 게 돈 버는 길일 것이다. 하지만 북카페나 서점의 주인이 되고 싶은 게 아니다. 그저 나 스스로 그 가게의 1호 고객이자 단골손님이 되고픈 마음이다. 이 생각을 하면 늘 설렌다. 이런 상상으로 스트레스를 견딘다. 하지만 안타깝게도 그렇게 해보려면 당장 두 개의 은행 계좌, 두 배의 돈이 필요하다. 그래서 다시 슬그머니 변호사 일로 돌아간다. 하지만 언젠가 반드시 여러분들을 초대하겠다. 그때 2호 고객이 되어주시길 미리 부탁한다.

흑과 백,
회색지대
그리고 보이스피싱

형법 제347조 | 사기

1 사람을 기망하여 재물의 교부를 받거나 재산상의 이익을 취득한
자는 10년 이하의 징역 또는 2천만 원 이하의 벌금에 처한다.
2 전항의 방법으로 제삼자로 하여금 재물의 교부를 받게 하거나 재
산상의 이익을 취득하게 한 때에도 전항의 형과 같다.

사기詐欺. 표준국어대사전에 따르면 '나쁜 꾀로 남을 속임'. 하지만
형법에서 말하는 '사기죄'는 조금 다르다. 범위가 훨씬 좁다. 요건이

엄격하다. 남을 속이는 기망행위, 거기에 속은 상대방의 착오, 착오에 의한 처분행위, 그로 인한 재물이나 재산상 이익의 취득이 모두 인정되어야 한다. 그리고 또 하나 중요한 요소가 있다. 바로 사기의 '고의'다. 고의로 한 행동이 아니라면 적어도 사기죄로 처벌받진 않는다. 즉 처음부터 떼먹으려 한 게 아니라 어쩌다보니 형편이 안 좋아져서 돈 못 갚은 거라면 범죄가 아니다.

물론 민사적으로는 다 갚아야 한다. 이자도 줘야 한다. 하지만 빚 갚을 돈이 없으면 어떡하나. 이미 망했으면 어떡하나. 못 갚는다. 그래서 돈 빌려준 사람은 어떻게든 형사로 끌고 가려 한다. 경찰, 검찰 불려 다니고, 이러다 정말 감옥 가겠다 싶으면 어떻게든 돈 구해서 갚으려 하기 때문이다. 다른 사람에게 새로운 사기를 쳐서라도 돈 구해온다. 아니면 아예 몇 년 옥살이 할 각오로 미리 다 숨겨놓고 몸으로 떼우기도 한다. 사기범 처벌 수준이 너무 낮다. 그러니 몇 백 억 사기범에게 연봉 얼마라는 소리가 나올 수밖에.

하지만 늘 그렇듯 세상일은 단순하지 않다. 딱 떨어지지 않을 때가 많다. 돈 못 갚은 경우도 마찬가지. 못 갚은 사람이 애초에 잘못하긴 했지만, 어디까지 비난할 수 있는지 모호할 때가 있다. 참작할 만한 사정이 있을 수도 있다. 물론 변호사는 판사가 아니다. 평가하는 사람이 아니다. 성직자도 아니다. 하지만 이 일을 하면서 배운 점이 있다. 세상에는 흑과 백만 있지 않다. 회색 지대는 생각보다 훨씬 넓다. 거의 모든 사람은 회색 지대에 속한다. 나 역시 마찬가지다.

보이스피싱과 조력자들

악독하다. 보이스피싱은 취약 계층을 날카롭게 노린다. 그 해악이 대단히 크다. 하지만 뿌리 뽑기 어렵다. 상대적으로 진입장벽이 낮은 일이다 보니 이미 많은 범죄자들이 뛰어들었고 그 수는 계속 늘어간다. 무엇보다 중국이나 필리핀 등 외국에서도 할 수 있어서 적발을 쉽게 피할 수 있다. 이게 수괴에게는 대단히 중요하다. 하지만 아무리 스페인 드라마 〈종이의 집〉의 범죄 천재 '교수' 같은 인물이라 할지라도 수괴 혼자 보이스피싱의 모든 걸 다 할 수는 없다. 그래서 여러 사람이 역할을 분담한다. 수괴에게는 조직이 필요하다.

우선 총책. 모든 걸 기획하고 관리하는 두목이다. 다음은 상담소. 사무실에 전화기 깔아놓고 전화 돌릴 수 있도록 만드는 역할이다. 섭외, 교육, 관리, 수익 분배까지 담당한다. 우리 말 잘하고 문화에도 익숙한 상담원 섭외는 이 범죄의 필수 요소다. 조선족은 티 나서이제 못 쓴다. 한국인을 뽑아서 외국으로 가거나, 현지에서 망한 한국인을 포섭한다. 여기까지는 외국에서도 문제없이 할 수 있다.

하지만 이들이 마지막 단계까지 거쳐 실제로 손에 돈을 쥐려면 누군가는 국내에서 발로 뛰어야 한다. 가장 말단에는 수거책, 전달책이 있다. 피해자를 직접 만나 현찰을 건네받는다. 계좌이체를 받으면 ATM기에서 현찰로 찾아 조직이 확보한 차명 계좌에 넣고 여러 번 돌린다. 돈세탁이다. 얼마 받지도 못하면서 범죄 조직의 손발 역할을 한다. 점조직이지만 엄연히 체계가 있는 범죄 단체다. 관련자 모두 엄벌해야 한다. 이들에게 당해 눈물 흘리는 서민이 너무나 많다.

그런데 보이스피싱에는 생각보다 은행 계좌가 많이 필요하다. 예전에는 노숙자에게 소주나 담배 사주고 같이 은행 가서 만들기도 했다. 하지만 요새는 은행이 깐깐해서 그런 허술한 방법으론 안 된다. 그래서 대놓고 돈 주고 사기도 한다. 이렇게 돈 몇푼 받고 보이스피싱 조직에 계좌 팔아넘긴 사람은 명확하다. 공범이다. 봐주면 안 된다.

그런데 조금 애매할 때도 있다. 이들은 주부들에게 부업 자리를 제안한다. 별로 힘들지 않은 일인데도 반찬값, 아이들 학원비 낼 만큼 보수가 쏠쏠해서 솔깃해진다. 하지만 공짜는 없다. 대가가 있다. 은행 통장이다. 청년도 공략 대상이다. 괜찮은 알바 자리 대가로 통장을 요구한다. 신입사원 면접 자리에서 갑자기 통장 제공을 조건으로 제시하기도 한다. 회사 업무상 잠시 빌려 쓰고 돌려줄 테니 걱정할 필요 없다고 안심시킨다.

이들은 괜한 의심으로 좋은 자리를 잃을까봐 걱정한다. 설마 나쁜 데 쓰이겠느냐고 생각한다. 별일 없을 거라고 셀프 최면을 건다. 결국 거절하지 못한다. 또는 거절하지 않는다. 그리고 그 통장은 보이스피싱에 이용된다. 돈세탁에 쓰인다. 누군가 평생 피땀 흘려 모은 돈이 그 통장을 거쳐 중국으로 빠져나간다. 통장 건넨 이들도 어쩔 수 없는 공범이다.

얼마 전까지는 법원도 다소 온정적이었다. 여러 사정을 고려해 선처해주기도 했다. 경찰, 검찰도 그랬다. 하지만 지금은 다르다. 용서받지 못한다. 내 명의 통장을 다른 사람에게 주는 건 어떻게 보더라도 일반적이지 않다. 자신이 건넨 통장이 이용될 걸 충분히 알고 있었다고 간주된다. 법적 관점에서 비난받아 마땅하다. 전과자가 되고 만다. 하지만 과연 이들만의 잘못일까. 물론 검은색에 가깝지만 그래도 이들 역시 회색 지대에 한 발은 걸쳐 있는 것 아닐까. 마음이 무거워진다.

양복 입고
테헤란로 걸어 다니는 사람
절반은 사기꾼

반면 세상에는 명백하게 흑黑에 속하는 사건도 있다. 유사 수신, 다단계 사기, 폰지사기Ponzi Scheme 등등. 사기는 피해자 당사자뿐 아니라 주변 모두를 파멸시킨다. 많은 피해자를 만났다. 예외 없이 모두 극한의 고통을 겪고 있었다. 가정과 사회관계 모두 철저히 파괴됐다. 내가 망한 것만 해도 죽을 지경이고 이혼당하기 직전인데, 주변 사람에게 권해 망하게 만들었다는 죄책감까지 추가됐다. 견디다 못해 자살에 이르기도 한다.

수법은 간단하다. 투자하면 쏠쏠한 수익을 안겨준다며 유혹한다. 처음에는 반신반의하지만 실제로 투자 초기에는 약속한 고수익이 제대로 들어온다. 날짜를 하루도 어기지 않는다. 오히려 투자 성과가 좋다며 약속에 없던 보너스까지 지급한다. 의심은 서서히 확신으로 변한다. 이때 사기꾼은 슬쩍 소개 수수료를 약속한다.

그래, 이 좋은 걸 나 혼자만 할 순 없지. 가족, 친척, 친구를 넘어 직장, 학교, 군대, 교회, 성당, 절, 미용실, 사우나에서 만난 사람들에게 소개하고 권한다. 통장 들고 다니며 자랑삼아 직접 거래 내역 보여주고 설득한다. 한 명, 두 명 넘어온다. 아직 범죄 초기이므로 지인들에게도 제때 입금된다. 고맙다는 인사를 받는다. 은인이라는 소리도 듣는다. 확신을 넘어 신앙으로 바뀐다. 이제 있는 돈 없는 돈 다 끌어 모아 투자한다. 멀쩡한 집 팔고, 빚까지 낸다. 행복한 인생이 곧 완성될 것 같다. 핑크빛 미래가 눈앞에 아른거린다.

하지만 그 고수익은 어디서 온 걸까. 단순하다. 새로 들어오는 사람들한테 받은 투자금을 기존 회원에게 나눠줬을 뿐이다. 사기꾼들은 아예 투자 자체를 하지 않았다. 당연히 투자로 번 돈도 없다. 애초부터 사기다. 폰지 사기. 이렇게 밑돌 빼서 윗돌 받치는 일이 영원히 이어질 수 없다. 파국은 예정되어 있다. 필연적이다. 사기꾼들은 적절한 시기를 택해 사라진다. 이미 예견된 결말이다.

이들의 사기는 사람을 최대한 많이 끌어 모아야 완성된다. 수법은 진화한다. 사람들이 어디선가 한번 들어보긴 했지만 정확히 알지는 못하는 소재가 애용된다. 여기에도 트렌드가 있다. 아프리카 다이아몬드 광산, 보물선 인양, 태양광 발전, 전기차를 거쳐 최근에는 가상통화가 최고 아이템이다. 그냥 비트코인, 가상화폐, 암호화

폐 이렇게 그럴듯한 이름만 걸어놓았을 뿐 전통적 사기 수법에 불과하다. 속으면 안 된다. 하지만 피해자는 계속해서 생긴다. 안타깝다.

바로크 클럽 유사 수신 사기

이름도 특이한 바로크 클럽은 한 단계 더 진화했다. 회원들이 낸 돈을 모아 땅을 산다. 그 땅을 세 놔서 임대수익 올리고 그걸 분배한다. 돈 낸 회원들 모두 각자 지분에 따라 등기부에 이름 올라가니 안전하다. 임대수익은 임대수익대로 받고, 땅은 또 땅대로 그대로 남는다. 땅값 오르면 그게 또 재산이 된다. 매력적이다. 원금 보장만큼 매혹적인 유인은 없다.

하지만 전부 다 사기였다. 땅을 사긴 했다. 등기부에 이름 올려주기도 했다. 하지만 어떤 땅인지가 중요하다. 얼마 하지도 않는 가치 없는 땅을 비싸게 샀다. 심지어 그 땅의 직전 소유자는 조직 수괴의 특수관계인이었다. 차액은 수괴에게 흘러들어갔다. 관리 수수료도 세게 뽑아먹었다. 잘 짜인 사기극이었다.

그럼 넉넉히 나눠준 임대 수익은 뭐였지? 이 모든 게 폰지 사기라는 사실을 잊으면 안 된다. 당연히 신규 투자자들이 낸 투자금을 생색내며 나눠준 거다. 애초에 임대차 계약은 체결조차 되지 않았다.

빌려 쓸 사람이 존재할 수 없을 정도로 쓸모 없는 땅이었다. 이들은 여러 필지에 똑같은 작업을 했다. 수괴는 떼돈 벌었다. 중간관리자들에게 큼직하게 떼주며 조직을 철저히 관리했다.

그리고 놀라운 사실. 피해자들은 그 땅에 가본 적도 없었다. 임대 사업이 제대로 되고 있는지 확인해본 사람도 없었다. 그들이 자신 있게 들이민 두꺼운 계약서와 등기부를 믿었다. 어쩌면 믿고 싶었던 것일 수도 있다. 그리고 더 큰 문제가 있다. 피해자들은 어느 순간 공범이 되어버렸다. 뭔가 조금씩 이상하게 느껴지지만, 그동안 넣은 돈이 많아서 빠져나오지도 못하고, 우선 나부터 살겠다는 생각에 적극적으로 다음 피해자를 물색해 끌고 들어왔다. 나는 아무것도 몰랐다고 사정사정해도 검찰과 법원은 봐주지 않는다.

바로크 클럽의 수괴는 악마였다. 돈은 미리 다 빼돌렸다. 구속된 상태에서도 당당했다. 그리고 공작을 펼쳤다. 피해자들을 이간질했다. 잠시 일이 꼬여서 누명 쓰고 구속됐을 뿐이라고 현혹했다. 돈은 충분히 있다면서 탄원서 써준 사람에게 먼저 돌려주겠다고 했다. 고소장 제출한 사람은 절대 돈 돌려받지 못 한다고 협박했다. 일종의 거래 제안이었다. 중간 간부들이 적극적으로 나서 분열을 조장했다.

그래서 피해자들은 강경파와 온건파로 나뉘었다. 당장 고소하자는 사람들과 한 번 더 믿어보자는 사람들이 싸웠다. 피해자들끼리 뒤엉켜 물어뜯고 싸우는 아수라장이 되고 말았다. 그게 바로 수괴가 원하는 바였다. 그러다 실제로 탄원서 써준 사람들에게만 환급이 이루어졌다. 이제 모두 이성을 잃는다. 점점 한쪽으로 기울었다. 탄원서는 계속 쌓여갔다. 피해자가 가해자를 위해 시간 쓰고 돈 쓰고 노심초사하는 황당한 상황이 벌어졌다.

그리고 이들은 어마어마한 변호사 선임료를 썼다. 서초동에 소문이 돌 정도였다. 피해자들의 피눈물인 범죄수익이 변호사에게도 흘러간 거다. 그 돈이 다시 어디로 건너갔는지는 모르겠다. 이미 거금을 빼돌려놓은 수괴에게 몇 년의 징역은 그리 두렵지 않은 형벌이다. 사실 이건 거의 모든 유사수신 사기 사건의 씁쓸하고 서글픈 결말이다. 이들은 악마다. 누가 봐도 혹할만한 큰 이익을 보장하는 건 다 사기다. 누가 봐도 솔깃한 매력적인 제안을 하는 사람은 다 사기꾼이다. 양복 입고 강남 테헤란로 걸어 다니는 사람 절반은 사기꾼이다. 제발 속지 말자. 제발 좀.

너무 무거운 이야기만 한 것 같다. 모든 사건이 다 묵직하진 않다. 헛웃음 나오는 일도 많고, 황당한 일도 자주 벌어진다. 특히 잡雜사기 사건이 그렇다. 에피소드도 많다. 사기꾼들은 다른 사람을 속여서 편하게 먹고 산다. 그런 놈들이 길바닥에 널려 있다. 그들은 땀흘려 일하지 않는다. 생산 활동은 다른 사람들의 몫이다. 땀 흘려 노동하는 사람을 한심하게 바라본다. 전 국민이 그런 잡사기꾼들의 먹잇감이다. 폭력 범죄보다 질 나쁜 사기 사건도 많다. 이익이 있는 곳에 손해도 있다. 누군가 웃으면 누군가는 눈물 흘린다. 그래서 황당 사기 사건을 다룰 때도 결국 진지해진다. 사람이 싫다.

사기꾼들은 깔끔한 옷과 세련된 언변. 그리고 고급 승용차와 잘

꾸민 사무실을 앞세워 피해자를 현혹한다. 화려한 인맥도 빠질 수 없다. 정치인, 연예인, 스포츠 스타 등 유명인과 찍은 사진이 사기에 적극 활용된다. 사람들은 잘 나가는 사람에게 약하다. 인간의 한계다. 그래서 재력과 인맥 과시는 '허영심 이용형' 사기에 빠지지 않고 등장한다. 반대로 '동정심 유발형' 사기꾼도 있다. 차비가 없어요, 지갑을 분실했어요, 길 잃어버렸어요, 집에서 쫓겨났어요 등등 고전적 수법이 지금도 통한다. 하지만 피해 규모와 충격은 허영심 이용 사기가 압도적으로 크다. 이들은 인맥을 과시해서 피해자를 속이기 위해 사진과 함께 명함도 이용한다. 그동안 만난 '명함왕'들이 여럿이다.

한 연예인이 40대 부동산 업자를 소개해줬다. 짧은 회의를 마치고 헤어졌는데, 갑자기 카카오톡 메시지가 줄줄이 오기 시작했다. 자기가 얼마나 대단한 사람들을 알고 있는지 보여주겠다며, 명함을 촬영한 사진 수백 장을 하나씩 카톡으로 보내왔다. 모아서 한 번에 보낸 것도 아니고 그 많은 걸 일일이 한 장씩 보냈다. 사진이 깔끔하지도 않았다. 여백은 삐뚤빼뚤, 각도도 제각각. 마음대로 찍었다. 일종의 기이함을 느꼈다. 아무리 봐도 정상이 아니었다. 그 사람은 얼마 후 감옥에 갔다. 부동산 강의도 하고 방송에도 나왔지만 본질은 사기꾼이었다.

더 강렬한 기억은 따로 있다. 중절모 쓰고 멋진 반백의 턱수염을 자랑하던 부동산 분야 사기꾼 할아버지였다. 독특한 전문 분야를 갖추고 있었다. 건축 도중 문제가 생겨서 올라가다 멈춰버린 건물이 꽤 많은데, 대개는 도시의 흉물로 남게 된다. 공사 중단 이유는 다양하지만, 결국 인허가 아니면 돈 문제다. 할아버지는 그런 문제를 해결해주고 돈 받는 해결사이자 브로커였다. 여러 건 가운데 하나만 풀어도 큰 돈 벌 수 있다.

할아버지는 마주앉자마자 장황하게 자기소개를 시작했다. 말을 이어나가가면서 어디서 어떻게 구했는지 모를 유명한 사람들의 명함을 가방에서 한 장 한 장 꺼내 테이블에 올려놨다. 보석상이 흰 장갑 끼고 보석 꺼내 보여주듯 조심스럽게 다뤘다. 그동안 수많은 장소에서 수많은 사람에게 이렇게 보여줬을 거다. 얼마나 많이 꺼냈으면 명함 귀퉁이가 다 닳아 둥그렇게 돼 있었다. 색도 군데군데 바랬다. 언제 적 명함인지 궁금했다.

사실 명함 속 이름들이 조금 신기하기는 했다. 어마어마한 사람들이 등장했다. 그 사람들의 활동 분야, 소속, 나이 등 맥락이 없어서 의아했지만, 그거야 뭐 할아버지가 알아서 할 일이었다. 한참을 자기 인맥 과시하면서 신뢰감을 주려고 노력했다. 하지만 명함 진열은 너무 옛날 방식이었다. 진짜 명함인지도 모르겠고, 진짜라 하더라도 입수 경위가 다양할 수 있다. 속고 싶어도 속기 힘들었다.

결국 할아버지는 내게서 원하는 것을 얻지 못했다. 나중에 업자들에게 들은 이야기는 황당하고 씁쓸했다. 할아버지는 집이 없어

찜질방에서 기거하고 있었다. 돈 한 푼 없었다. 심지어 세탁소에서 옷을 빌려 입고 다녔다. '만수 아빠' 최주봉의 〈한 지붕 세 가족〉이나 최민식과 한석규가 함께 나온 〈서울의 달〉 같은 오래전 드라마에서나 보던 일이 21세기에 실제로 벌어지고 있었다.

주변 건설업자에게 밥값, 술값, 담뱃값 소소하게 몇 만 원씩 빌려 썼다. 물론 안 갚았다. 또는 다른 업자에게 빌려서 돌려 막았다. 이제 업자들 사이에 다 소문났다. 하지만 조금 맹하거나 욕심에 눈 먼업자들은 할아버지에게 사업추진비를 뜯겼다. 어어~ 하는 사이에 수백만, 수천만 원까지 물린 사람도 있었다.

얼마 후 할아버지가 눈치도 없이 다시 찾아왔다. 내가 그런 이야기를 전해 들었다는 걸 전혀 모르는 듯 했다. 알았다면 다시 오기 힘들었을 거다. 하지만 이번에도 내가 허풍에 넘어가지 않자 할아버지는 방향을 급히 바꿨다. 갑작스레 신세 한탄을 시작했다. 그러면서 대신 전화 한통 걸어달라고 부탁했다. 놀랍게도 장성한 딸 전화번호였다. 잘 지내고 있다고 한마디만 전해달라는 부탁이었다. 왜 직접 걸지 않느냐고 물었더니, 딸이 자기 전화 안 받은 지 벌써 몇 년 됐다고 슬픈 눈빛으로 답했다.

의아해하는 내게 할아버지는 그동안의 일을 한참 동안 털어놨다. 듣고 나니 딸이 왜 그러는지 백번 이해됐다. 나이 먹었다고 다 어른은 아니었다. 아버지 때문에 딸도 신용 불량자가 됐다. 젊은 나이에 이미 억대 빚을 지고 있었다. 딸은 내 전화를 받았다. 하지만 아버지 잘 있다며 이야기 꺼내자마자 그냥 끊어버렸다. 이런 전화 부탁이 처음이 아닌 것 같았다.

이쯤에서 고백해야겠다. 사실 나도 밥값, 교통비 몇 번 빌려주고 못 받았다. 다 합하면 30만 원 정도 될 거다. 그래도 이 정도라면 아주 저렴한 실무 경험 수업료로 생각할 수 있다. 제대로 당하지 않은 게 다행이다. 여러분도 개발업자나 브로커 절대 믿지 마시라. 허접하기 짝이 없는 업자라도 적어도 여러분보다는 훨씬 교활하고 간사하고 몰염치하다. 어울리면 언젠가 털린다. 피할 수 없다. 사람이 싫다.

국경 없는
사기꾼들

외국을 배경으로 한 사기도 많다. 외국 일이라고 하면 뭔가 더 신뢰하게 되는 경향이 있다. 사기꾼들은 그 틈을 파고든다. 절대 속으면 안 된다. 다시 한 번 강조한다. 세상에는 사기꾼이 널려있다. 잠깐 방심하면 곧바로 당한다. 정신 바짝 차려야 한다.

네팔 로또

다양한 사업을 건드리는 여성 사업가였다. 늘 분주했으나 크게 터진 건 아직 없었다. 그래도 이런저런 사건을 종종 연결해준 고마운 사람이었다. 어느 날 만나자는 연락을 받았다. 계약 구조를 검토해달라는 의뢰였다. 뭔가 싶어 들여다봤다. 해외 사업이었다. 네팔에서 로또 사업으로 떼돈 번다는 구상. 스케일이 컸다.

하지만 이런 계획에는 늘 실현 가능성이라는 의문이 따라붙는다. 그래서 사기가 아닌지 항상 의심해야 한다. 하지만 의뢰인은 확신에 차 있었다. 자신만만했다. 검토 의뢰가 아니라 동업 제안에 가까웠다. 사정상 지금 큰돈을 주고 사건을 맡길 수는 없지만, 법률 작업 대가로 로또 회사 주식을 나눠주겠다고 제안했다. 의뢰인은 대박을 확신했다. 다른 변호사들 제치고 큰돈 벌 기회를 줬으니 고마워해야 마땅하다는 눈빛이었다.

이미 네팔도 한번 다녀온 상태였다. 직접 가보니 네팔 IT 환경이 우리나라보다 더 좋고 번화가에 벤츠가 가득할 정도로 잘 산다며 무조건 대박이라고 흥분했다. 내 상식으로는 도저히 믿을 수 없었지만, 의뢰인 말이니 일단 끝까지 들을 수밖에. 그게 우리 일의 시작이다. 하지만 모든 걸 다 털어놓은 것 같지는 않았다. 그날은 일단 웃으며 화기애애하게 헤어졌다.

며칠 후 다시 만났다. 솔직히 그 말을 믿기 힘들다고 답했다. 당황하는 눈치였다. 그제야 자신감의 배경을 조심스레 털어놨다. 왕실이었다. 그동안 왕족을 구워삶았고, 이미 왕자들과 이야기 다 끝났다는 거다. 그러면 그렇지. 사람이 바보도 아니고 뒷배도 없이 이렇게 확신할 리 없지. 이런 게 바로 왕의 힘인가.

잠깐. 그런데 좀 이상하다. 네팔 갔을 때 왕족을 만나봤다는 이야기는 없었고, 왕족과 사업을 논의했다는 이야기도 없었는데. 그럼 왕족을 어떻게 만났지? 누가 연결해줬지? 연결고리를 물어봤다. 그러자 의뢰인은 자랑스러운 표정으로 알려줬다. 한국에 있는 네팔인이었다. 5년 전 들어와서 네팔을 오가며 사업하는 사람이라고 했다. 아무래도 미심쩍어 인적사항을 받았다. 확인해봤다.

이럴 수가. 강변역에 있는 휴대폰 매장 점원이었다. 사장도 아니고 네팔인 대상 상담 직원이었다. 사실 의뢰인은 단 한 번도 네팔 왕족을 만나지 못했다. 이메일, 전화, 문자 그 어떤 직접적인 연락도 해본 적 없었다. 자칭 네팔 사업가라는 사람 말만 믿고 그동안 모든 일을 맡긴 것이었다. 도대체 뭘 근거로 그 사기꾼을 왕족과 연결된 사업가라고 생각했는지 모르겠다. 제대로 놀아난 게 분명했다. 사람이 속으려면 신기하게도 다 속게 돼 있다. 그동안 돈도 많이 들어갔다. 농락은 1년 넘은 그때까지 착착 진행 중이었다.

의뢰인에게 그 사람 사기꾼이라고 말해줬다. 하지만 귀담아들으려 하지 않았다. 그럴 리 없다는 반응이었다. 사기를 인정하는 순간 그동안 들인 돈과 시간이 날아간 게 확정된다. 멍청한 사람이라는 비웃음도 피할 수 없다. 고소해봐야 금전 피해가 회복되지도 않는다. 평판에도 좋지 않다. 자존심 때문에라도 그런 상황을 버텨낼 수 없다. 그러니 절대로 사기당한 게 아니어야 하는 입장이었다. 안타까웠다.

네팔 사기꾼은 끝까지 더 뽑아 먹을 작정이었다. 왕족 로비에 쓴다며 의뢰인에게 TV를 사달라고 했다. LG LED TV 모델명과 인치까지 꼼꼼히 정해줬다. 최고급 모델이었다. 네팔 왕자가 구체적으로 요구했다고 했다. 그것도 60대를 한꺼번에. 그걸 가지고 네팔에 들어가 로비 마무리하고 계약서에 도장 받아 돌아오겠다는 거였다. 마지막 로비가 아니라 마지막으로 한몫 챙겨서 아예 네팔에 숨으려는 수작이란 게 훤히 보였다.

그때라도 멈춰야 했다. 사기당한 걸 인정하고 발 빼야 했다. 하지만 거의 모든 투자 사기 피해자는 마지막까지 이성적으로 행동하지 못한다. 현실에서 도피한다. 진실을 외면한다. 그래서 최선을 다해 네팔 사기꾼을 믿으려 노력했다. 말려도 소용없었다. 정말 TV 60대를 사줬다. 그것만 해도 수천만 원이었다. 거기에 더해 활동비와 항공권까지 챙겨줬다. 마지막까지 탈탈 털었고, 탈탈 털렸다.

그날 이후 그 사업가를 다시 만날 수 없었다. 네팔 로또 소식도 듣지 못했다. 지금도 가끔 회사 변호사들이 네팔 로또 이야기를 한다. 어디선가 사기성 짙어 보이는 이야기를 접하면 자동으로 네팔 로또가 떠오른다. 쓴웃음이 지어진다.

모나코 국왕 사위

자금 송금 사기. 고전적 수법이지만 지금도 흔하다. 해외 자금을 우리나라로 들여와야 하는데, 직접 하지 못하는 사정이 있으니 도와달라며 접근한다. 돈 출금할 은행에 제3자 보증금을 넣어야 하는데 대신 내주면 크게 사례하겠다거나, 자기가 직접 한국에 올 수 없으니 대신 받아서 보관해달라면서 보관료 대납을 부탁한다. 이라크 후세인 비자금, 나이지리아 군부 실력자의 석유 비자금도 유명한 소재다. 최근에는 실존 인물인 미국 여군 '카스트로 킴'을 사칭한 로맨스 스캠이 기승이다. 속지말자.

그런데 몇 년 전 한 60대 사업가가 모나코 건을 들고 찾아왔다. 여러분은 모나코 하면 뭐가 떠오르는가. 모나코Monaco(프랑스 남동부 지중해 연안에 있는 도시국가). 인구 3만 명에 여의도보다 작은 땅이지만, 세계적인 카지노 휴양지다. 축구선수 박주영이 전성기를 보낸 클럽 AS모나코와 배우에서 왕비가 된 세기의 미녀 그레이스 켈리로도 유명하다. 느끼한 목소리로 '모나꼬'를 읊조리며 시작하는 장 프랑수와 모리스의 샹송도 떠오른다.

그 사업가는 뜬금없이 모나코 국왕 사위 이야기를 꺼냈다. 국왕 사위가 아내인 모나코 공주와 함께 한국으로 들어오려 한다고 했다. 그것도 거액을 가지고. 아니 갑자기 왜? 전혀 예상하지 못한 답이 돌아왔다. 그 사위가 한국인이란다. 와우! 처음 듣는 이야긴데? 고개를 숙여 재빨리 스마트폰으로 구글링했지만, 검색되는 건 없었다. 모나코 군주는 왕王이 아니라 공公이라는 내용만 찾았다. 그럼 그레이스 켈리도 왕비가 아니었던 거네. 뭐 그 정도는 헷갈릴 수도 있고, 공은 좀 낯서니까 그냥 설명하기 쉽게 왕이라고 했을 수도 있다.

사업가가 풀어놓은 자세한 스토리는 이랬다. 최근 왕족 사이 갈등이 악화하면서 모나코 공주는 구중궁궐 다툼에 질려버렸다. 그래서 모나코를 떠나 남편의 고국인 한국에 정착하기로 마음먹었다. 하지만 갖고 있는 돈이 비자금이기 때문에 직접 들고 올 수 없다. 여러 번 세탁해서 몰래 한국에 들어와야 하는 상황이라 그 과정에서 도움을 줄 한국 사람이 필요하다고 했다. 일단 도와주면 크게 사례하겠고, 다 따지면 조 단위의 엄청난 규모라고 덧붙였다.

별로 어렵지 않은 에스크로escrow 계좌 개설 의뢰로 시작하더니, 나중에는 한국은행장, 금감원장 만나서 로비 가능한지 물어봤다. 약속한 대가는 기본이 억대였다. 손 변호사 정도면 이 정도는 충분히 할 수 있는 능력이 되지 않느냐며 슬쩍 자존심도 건드렸다. 이 사기꾼 노련했다.

지인 소개였고 혹시라도 뒤에서 험담할지 몰라 잘 둘러대서 돌려보냈다. 이후 계속 연락이 왔지만, 적당히 핑계 대고 피했다. 애초에 황당한 이야기였다. 하지만 쉽게 웃어넘길 수 없다. 분명히 어딘가에는 이런 사기에 속아 넘어가는 사람이 있기 때문이다. 사기꾼 입장에서는 아무나 한 명만 걸려들면 된다. 그래도 남는 장사다. 크게 남는 장사다.

그럼 그 사기꾼은 대체 왜 나한테 왔을까? 그것도 상당한 돈을 제시하면서? 간단하다. 다 자기 사기에 이용하려는 수작이다. "유명한 사건들 처리하고 신문 방송에도 나오는 손수호 변호사 모르냐, 이 일은 그 변호사와 함께 진행한다. 믿을 수 있다. 의심되면 검색해봐라." 안 봐도 훤하다. 이런 걸 알면서도 돈 욕심에 넘어가면 그건 사기 공범이다. 눈치 못 채고 제안 받아들이면 그건 멍청한 놈이다. 두 경우 모두 변호사 할 자격 없다.

물론 돈 욕심은 본능이다. 누구든 공짜 앞에서 나약해진다. 나 역시 그렇다. 인간의 본성이다. 그리고 악질 범죄자들은 그 틈을 파고든다. 아차~ 하는 순간 말려든다. 정신 차릴 새 없이 털린다. 변호사도 별 수 없다. 사기꾼 변호사도 많지만 사기당해서 패가망신한 변호사가 더 많다. 우리 주변 곳곳에서 사기꾼들이 활개 친다. 잡혀도 형량이 무겁지 않고, 사기 친 돈은 미리 빼돌릴 수 있으니 그들에게는 가성비 좋은 꿀 직업이다. 이 상황을 계속 방치하면 안 된다. 많이 늦었지만 이제라도 뭔가 구조적인 변화가 필요하다.

그리고 모나코 국민에게는 미안하지만, 이제 나에게 모나코는 아름다운 휴양지가 아니다. 모나코 하면 사기가 먼저 떠오른다. 이게 다 사기꾼들 때문이다. 양복 입고 테헤란로 걸어 다니는 사람 절반은 사기꾼이다. 나머지 절반은 그들이 노리는 예비 피해자다. 사기가 싫다. 사기꾼이 싫다. 사람이 싫다.

*아, 그리고 참고로 현재 모나코의 군주는 알베르 2세. 1958년생이다. 딸은 가브리엘라 한 명, 2014년생이다. 그런데 2014년생이 결혼을 해? 그리고 사위가 한국인이야? 진짜… 사람이 싫다. 싫어.

Part 4

화
양
연
화

花樣年華 In The Mood For Love, 2000

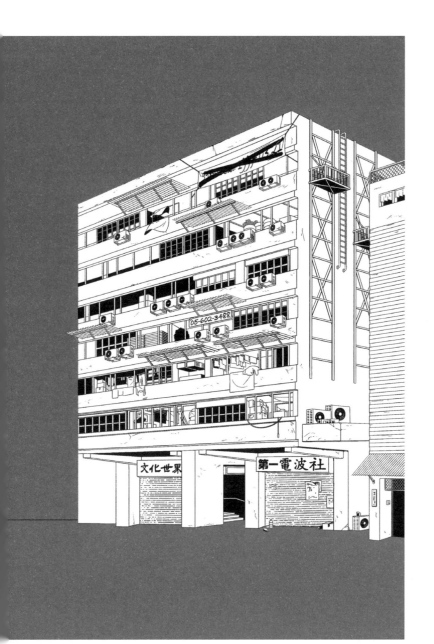

첸 선생도 이 노래를 신청했군요.
그럼 들어보죠.
곡명은 인생의 가장 아름다운 순간을 의미하는
'화양연화'입니다.

라디오 DJ

그 시절은 지나갔고
이제 거기 남은 건 아무 것도 없다.

1966년, 홍콩

이상한 일을 거듭 겪으며 느끼는 피곤함을 지울 수 없지만

그래도 시간이 지난 후 되돌아보면

지금이 가장 행복한 때이고

이 순간이 내 인생의 절정일 수 있다.

인간은
자신의 운명을
개척할 수 있는가

직접 다루었던 사건 이야기를 이어가고 있다. 이 일을 하다 보면 다양한 상황에서 여러 사람을 만날 수밖에 없다. 선한 얼굴 뒤에 감춰진 인간의 욕망을 대면한다. 모두가 잘 먹고 잘 살려는 욕심을 동력으로 움직인다는 사실을 재확인한다. 예외는 없다. 세상은 원래 그렇다. 갑작스러운 현상이 아니다. 인류 역사 시작부터 지금까지 계속 그래왔다. 그래서 별별 일이 다 생기고, 변호사는 그 일을 해결해야 한다.

그런데 변호사 일은 생각보다 능동적이지 않다. 박진감 넘치지도 않는다. 대부분 서류 작업이다. 재판도 적막 속에 차분하고 조용하게 진행된다. 게다가 시작하자마자 금방 끝나버린다. 영화와 드라마가 대중의 심각한 오해를 만들어냈다. 악당과 몸싸움 불사하는 몸

짱 변호사. 도심에서 목숨 걸고 차량 추격전 벌이는 카레이서 변호사. 담 넘고 물건 슬쩍 훔치고 함정 파서 문제 해결하는 탐정 변호사. 영화 〈성난 변호사〉의 이선균 같은 변호사. 현실에는 없다. 업무 스트레스로 반쯤 미치지 않고서야 그럴 수 없다.

사실 알고 보면 변호사는 엄청나게 수동적인 사람들이다. 누굴 만나고 어떤 사건을 맡느냐에 따라 수행하는 업무가 정해진다. 어떤 것을 얼마나 성취할지도 그에 따라 결정된다. 여기에는 우연과 운이 크게 작용한다. 찾아 나서서 인연을 만들 수도 있지만 그런 경우는 흔치 않다. 운이 좋아야 한다.

악연이었던 사람이 가볍게 어떤 사람을 소개해줬는데 그 사람이 사업에 크게 성공해서 주요 의뢰인이 되거나, 형편이 딱해서 손해 감수하고 수임했는데 그 의뢰인이 의외로 발이 넓어 사업가 여럿을 소개해줄 때도 있다.

물론 반대 경우도 많다. 큰 도움 줄 사람으로 알고 공 들였는데 나중에 보니 허당인 경우, 실력자인 줄 알았지만 실제로는 사기꾼인 경우. 이렇게 변호사 커리어의 성공과 실패는 내가 스스로 만들 수 없다. 남에게 달려있다. 기본적으로 변호사는 누군가로부터 사건을 받아서 처리하는 사람이기 때문이다.

염세적으로 보일 것 같다. 비관론, 패배주의로 오해받을 수도 있겠다. 하지만 사람을 만나고 사건을 겪을수록 힘이 더 빠진다. 사람은 너무나 미약하고 나약한 존재다. 변호사도 마찬가지다. 나 역시 그렇다. 운명 앞에 무력해진다.

   청담동 땅 부자 회장님이 있었다. 그는 그 시절 자수성가의 표본
이었다. 찢어지게 가난한 집에서 태어나 학교도 못 다니며 농사일
을 도왔다. 이대로는 안 되겠다 싶어 새벽에 홀로 무작정 상경했다.
배운 게 없어 몸을 혹사했다. 온갖 고생을 다 했다. 다행히 고기 장
사 수완이 좋았다. 마장동에서 부를 일궈냈다. 강남 개발 초기 좋은
타이밍에 땅 사서 재산을 계속 불려갔다. 분석과 공부가 아니었다.
돈 냄새 맡는 감각이자 본능이었다.
   하지만 부자가 된 후에는 소송이 끊이지 않았다. 벌여놓은 일이
많다 보니 어쩔 수 없는 일이었다. 금전 관련 소송이 여러 건 있어
서 재판 후 종종 식사를 같이했다. 비서에 기사까지 함께 있었지만,
점심 메뉴는 늘 청국장이었다. 기가 막히게 전국 각지 법원 앞 청국
장 맛집을 꿰고 있었다. 여기에는 사연이 있었다.

   회장님은 어느 날 한 여인을 만났다. 남들은 뭐라 할지 몰라도, 회
장님에게 그 여인은 '진정한 사랑'이었다. 그런데 이 둘은 청국장이
인연이 되어 만나게 됐다. 서른 살 정도 나이 차이는 전혀 걸림돌이
아니었다. 결국 살림을 합쳤다. 본처와도 자연스럽게 별거하게 됐
다. 딸과도 멀어졌다. 가족들에게는 날벼락이나 다름없었다. 수백억
이 왔다 갔다 하는 거대 사건이었다. 본처와 딸은 새로운 여인을 용
서할 수 없었다. 돈 보고 달라붙은 꽃뱀이라고 생각했다.

그렇게 10여 년의 시간이 흘렀다. 혼인 관계는 이미 파탄된 지 오래고, 사실상 이혼 상태였다.

드디어 회장님이 용기를 냈다. 더 미루지 않고 이혼과 재혼 혼인 신고를 통해 법적으로 정리하기로 했다. 10년 걸린 결심이다. 그래서 더 꼼꼼히 상담했다. 확인해보니 자투리땅까지 다양한 부동산이 있었다. 준비 작업을 거치고 드디어 이혼 절차를 진행하게 됐다. 그리고는 영화 〈대부〉 속 등장인물처럼 '거부할 수 없는 제안'을 했다. 그러자 본처도 더는 외면하지 않았다. 서류도 다 만들었고 이제 다음 날 아침이 오면 만나서 도장 찍고 행정 절차만 밟으면 됐다. 홀가분한 마음으로 잠자리에 들었다.

그런데 다음 날 아침. 이럴 수가. 아니 세상에, 도대체 어떻게 이런 일이 생길 수 있나. '진정한 사랑'의 전화였다. 울먹이는 목소리. 회장님이 급사했다는 충격적인 이야기였다. 별일 없이 평소처럼 잠자리에 들었는데 아침에 못 일어났다며 흐느꼈다.

이후 참으로 난감한 상황이 벌어졌다. 아무리 서로 진심으로 사랑했고 10년 넘게 함께 살았다 해도 법은 냉정하다. 사실혼 관계에서는 상속이 인정되지 않는다. 따라서 '진정한 사랑'은 회장님의 상속인이 아니다. 엄연히 법적으로 아직 이혼하지 않은 본처가 존재하는 중혼重婚적 사실혼이기 때문에 더더욱 보호받지 못한다.

비록 헤어지기로 합의했지만, 그리고 이미 10년 넘게 남남처럼 지냈지만, 그래도 엄연히 법률상 배우자는 본처였다. 법적으로 상속인은 본처와 딸. 이렇게 둘이 공동상속인이다. 혹시나 했지만 회장님이 남긴 유언도 없었다. 결국 '진정한 사랑'은 어떠한 법적 권리도 행사할 수 없었다. 이미 합의했다고 해서 일종의 기대권期待權을 주장할 수도 없는 노릇. 본처와 딸이 주도권을 잡았다. 그들은 치밀하고 완강했다. 주변의 조력도 완벽했다. 역시 돈 있는 곳에 사람이 모인다.

이후 결말은 너무 쓸쓸해서 자세히 적고 싶지 않다. 이런 경우 보통 빈소에서부터 소동이 벌어진다. 우리가 사는 보통의 현실은 통속극과 크게 다를 바 없다. 저게 말이 되느냐고, 막장드라마라고, 시청자를 우습게 아느냐고, 저런 작가는 퇴출해야 한다고 욕하고 손가락질하게 만드는 바로 그 스토리. 그런 일들이 실제 우리 주변 현실에서도 벌어진다.

가끔 이런 생각을 해본다. 회장님이 조금만 결심을 빨리했다면 어떻게 됐을까. 조금 더 떼어 주더라도 본처와 조금만 더 일찍 합의했다면 어땠을까. 억지로라도 생전에 '진정한 사랑'에게 재산 넘겨줬다면 어땠을까. 하지만 가정은 의미 없다. 과연 인간이 스스로 운명을 이겨내고 원하는 결과를 만들어낼 수 있는가. 아무리 생각해도 난 그렇게 답할 수 없다. 사실 우리는, 그저 운명에 따라 이리저리 흔들리며 흘러갈 뿐이다.

글의 분위기가 계속 무거워진다. 애초에 이야기 하나하나가 묵직하기 때문일 거다. 사람이 싫어진 이유를 이야기하고 있으니 당연한 일이기도 하다. 변호사를 꿈꾸는 젊은이가 이 책을 읽고 혹시라도 마음 바꿀까 두렵다. 그러나 모든 사건이 우울하고 괴로운 건 아니다. 웃긴 일도 생각보다 많다. 하루에도 재판이 몇 건씩 있는데 웃긴 에피소드가 왜 없겠는가.

문신, 아니 타투, 아니 문신

사람의 가치관은 용어 선택에도 영향을 미친다. 그와 반대로, 누군가가 선택한 용어가 그 사람의 가치관에 영향을 주기도 한다. 자연스러운 일이다. 문신과 타투도 그렇다. 문신이라 부르는 사람도 있고, 타투를 고집하는 사람도 있다. 구체적인 상황에 따라 선택이 달라지기도 한다. 여러분은 어떻게 부르는지 궁금하다. 문신인가, 아니면 타투인가.

　법조계는 보수적이다. 매년 여름 같은 내용의 공문을 받는다. 날이 더우니 반소매 셔츠에 넥타이 안 매고 법정 나와도 된다는 '혹서기 법정 복장 안내'다. 하지만 별 반향은 없다. 잠시 고민하다가도, 거의 모든 변호사가 땀 뻘뻘 흘리며 짙은 색 양복에 넥타이를 고수한다. 혹시라도 안 좋게 보일까 걱정되기 때문에 섭씨 40도 육박하는 무더위에도 그냥 참는다. 그 정도로 고지식하고, 겁 많다. 좋게 보면 내 한 몸 고통스럽더라도 고객을 위해 판사에게 흠 잡히지 않겠다는 노력이다.

　여성 변호사도 마찬가지다. 스타킹 꼭 신어야 하냐 신지 않아도 되냐, 구두 앞이 트여도 되냐 꼭 막혀 있어야 하냐, 그럼 샌들은 되냐 안 되냐, 재킷 속 블라우스는 민소매도 괜찮냐 아니냐. 우스꽝스러워 보일 수 있는 질문이 매년 반복된다. 패션 지식 전혀 없는 나도 질문 패턴을 외울 정도다.

　그만큼 변호사는 생각도 많고 고민도 많고 걱정도 많고 겁도 많다. 남 눈치 보는 일이 직업인 사람들이다. 그런 사람들이 법정에 나와서 폼 잡고 재판을 한다. 법정이란 그런 곳이다. 그래서 문신에도 민감하다. 세상은 바뀌고 있지만, 그 변화가 법정 안으로 들어오려면 한참 멀었다.

　한여름 형사 재판이었다. 피고인은 혈기 왕성한 20대 청년. 범행 사실을 자백하고 선처를 구하는 사건이었다. 하늘이 도와 천만다행으로 피해자와 원만히 합의했다. 하지만 동종 전과가 몇 건 있어 맘에 걸렸다. 그래서 진지하게 반성하는 모습이 중요했다. 무조건 납작 엎드렸다. 그것만이 살길이었다. 반성문도 열심히 써냈다. 주변 사람들의 탄원서도 여러 건 제출됐다.

　그런데 의뢰인 양팔에 문신이 있었다. 다양한 컬러 문양으로 가득 찼다. 빈 곳이 없을 정도였다. 변호사로서 의뢰인의 위험 요소를 최대한 줄여야 했다. 그래서 조심스레 말을 꺼냈다. 문신, 아니 타투가 당연히 개인의 개성 표현 수단이고, K-타투가 세계 타투 문화를 이끌고 있으며, 한국의 문신사 아니 타투이스트가 엄청난 실력을 과시하고 있음에도, 피부 표피 아래 진피층까지 염료가 들어온다는 이유로 세계에서 우리나라에서만 의료행위로 취급되는 안타까운 상황에서, 앞으로 문신 아니 타투가 더 일반화되고 합법화될 가능성이 크지만, 그렇더라도 내일 재판에는 긴 소매 옷을 입고 나오는 게 좋지 않겠냐고 말했다. 문신, 아니 타투가 보이지 않도록 가리자고 제안, 아니 요구를 한 거다. 무더운 8월이었지만 의뢰인은 협조적이었다. 다시 구치소 들어가는 건 죽기보다 싫었기 때문에 시키는 대로 잘 따라왔다.

시간 맞춰 법정에 도착했다. 오후 2시 재판이었다. 그런데 뭔가 이상했다. 방청석 풍경이 평소와 달랐다. 젊은 청년들이 두 줄 가득 차 있었다. 복장은 약속이라도 한 듯 흰색 민소매, 아니 나시티. 그리고 팔과 목에는 문신, 아니 타투, 아니 문신. 의뢰인의 친구들이었다. 함께 앉아 재판 시작을 기다리고 있었다. 어깨를 툭툭 치며 힘내라, 별일 없을 거다, 고생한다, 나가서 냉면 때리자 등등 응원의 말을 건네고 있었다. 아. 이건 아니다.

황급히 나시티 친구들을 밖으로 내보냈다. 다행히 재판 시작 전 정리 완료했다. 거친 청년들이지만 그래도 변호사 말은 잘 듣는다. 공부 좀 한 사람들 아니 범생이들의 영역, 아니 전문 분야, 아니 나와바리를 확실히 인정하고 존중한다. 몸에 밴 서열 정리와 역할 분담 본능일 것이다. 뺀질뺀질하게 자기 변호사한테도 끝까지 거짓말하는, 아니 구라치는 화이트칼라, 아니 먹물 의뢰인보다 훨씬 낫다. 그건 그렇고, 그래서 재판은 어떻게 됐냐고? 이런 노력이 가상했는지 적당히 예상한 수준에서 잘 마무리됐다.

칸의 여왕 전도연

이렇듯 재판도 사람이 하는 일이다. 할 수 있는 일은 다 해야 후회가 남지 않는다. 아이 엄마인 피고인은 하나는 앞으로 안고 하나는 등에 업고 출석하기도 한다. 앉을 수도 없어서 내내 선 채로 재판받는다. 화장은 화려하지 않아야 한다. 복장은 단정해야 하고, 명품 가방과 선글라스는 최대한 피한다. 여기에 눈물이 추가되면 좋다. 잘못을 뉘우치며 흘리는 뜨거운 눈물은 효과적이다. 반대로 피해자의 눈물은 슬픔과 분노를 증폭시킬 수도 있다. 할 수 있는 건 다 해야 한다. 안 하고 나중에 후회하는 것보다 낫지 않은가.

30대 여성 피해자였다. 큰 피해를 봤다. 가해자를 비난하고 억울함을 호소해야 했다. 이럴 때는 눈물도 좋은 수단이라고 조심스레 이야기했다. 하지만 의뢰인은 난감해 했다. 원래 눈물이 별로 없는데 지금 안구 건조증까지 앓고 있고, 그동안 살면서 단 한 번도 억지로 울어본 적이 없다고 했다. 변호사가 그런 것까지 신경 써줘서 참 고맙지만 어려울 것 같다는 반응이었다. 억지로 할 필요는 없으니 최대한 진솔한 모습을 보이자고 대답했다. 그렇게 며칠 지나 법정에 섰다.

놀라웠다. 마치 멜로영화 속 한 장면처럼 눈물이 멈추지 않고 흘렀다. 최고의 연기력. 그 순간만큼은 피해자가 아닌, 고소인이 아닌, 증인이 아닌 칸의 여왕 전도연이었다. 고통과 슬픔이 제대로 전해졌다. 판사가 위로의 말로 진정시켜야 했을 정도였다. 상대방은 당황했고 변호인은 난감한 표정을 지었다. 그렇게 재판이 끝났다. 뭐라 할 말이 없어 멍하니 있었는데, "이 정도면 저 잘했죠?"라며 해맑게 생긋 웃던 전도연, 아니 의뢰인. 그녀의 표정, 눈물, 그날의 기억. 잊을 수 없다.

딱 봐도 마담

내 재판 순서를 기다리면서 방청했던 사건이다. 다른 사람 사건이라 정확한 내용은 알 수 없었지만, 당시 관건은 증인석에 앉아 있던 한 50대 여성 증인이 "주점 마담이 맞냐, 아니냐."였다. 대체 왜 증인이 마담인지 아닌지가 중요했을까. 모든 재판이 그렇듯 나름의 사연이 있었을 거다. 사건의 전말이 궁금했지만, 하필 바로 다음이 내 재판이라 자세히 알아보지 못했고 그게 지금도 아쉽다.

증인 신문에는 순서가 있다. 그 증인을 신청한 측이 먼저 주신문主訊問을 하고, 이어서 상대편이 반대反對신문을 한다. 필요할 경우 신청 측이 재再주신문을 할 수도 있다. 판사는 언제든 중간에 끼어들어 물을 수 있다. 신문 마지막에 따로 궁금한 거 모아서 묻기도 한다. 피고 측 변호사가 먼저 시작한 걸 보니 피고가 신청한 증인이었다. 서로 태도가 그리 우호적이지 않을 걸 보면 직접 데리고 나온 증인은 아닌 모양이었다. 변호사의 짧고 건조한 질문을 들은 증인은 이렇게 답했다. "아니요. 저는 주점 마담이 아닙니다." 이런 자리에 불려 나온 게 다소 황당하다는 표정과 말투였다.

그런데. 이거 참. 대단히 흥미로웠다. 누가 봐도 증인은 마담으로 보였다. 전형적인 의상과 장신구와 화장과 가방과 목소리에 몸매에 말투와 표정까지. 그냥 딱 50대 고급 주점 마담이었다. 그런 차림으로 당당하고 도도하게 자기는 마담이 아니라고 증언했다.

물론 외양으로 사람을 판단하거나 선입견 품으면 안 되지만, 그곳은 법정이었다. 그리고 그녀는 증인이었다. 위증의 벌을 받겠다는 선서까지 한 상태였다. 형사소송법 제158조에 따라 재판장은 선서할 증인에게 이미 위증의 벌을 경고했고, 제157조에 의해 증인은 기립하여 엄숙히 선서했다. "양심에 따라 숨김과 보탬이 없이 사실 그대로 말하고 만일 거짓말이 있으면 위증의 벌을 받기로 맹세합니다." 위증죄의 법정형은 5년 이하의 징역 또는 1천만 원 이하 벌금이다. 생각보다 중한 범죄다.

아니 그래서 그 마담처럼 보이는 마담은 마담인가 마담이 아닌가. 재판장이 상체를 앞으로 기울이며 고쳐 앉았다. 차림새를 보고 이미 마담일 것 같다고 생각했을 수도 있다. 호기심을 품은 판사의 추궁은 묵직했다. 마담의 증언은 오래 유지되지 못했다. 1분도 지나지 않아 마담은 자신이 마담이라고 인정해야 했다. 그걸로 소송 결과도 정해진 듯한 분위기였다.

그럼 판사 앞에서 대놓고 거짓말한 마담은 위증죄로 처벌됐을까? 그건 아니다. 설령 기억에 반하는 진술을 하였더라도, 그 신문 절차가 끝나기 전에 철회·시정하면 위증이 되지 않는다. 대법원 판례가 그렇다. 우리나라의 모든 것은 대법원 판례에 따른다. 변경되기 전까지는. 그렇게 딱 봐도 마담이었던 그 마담은 반전 없이 마담으로 확인되었다.

집단 관음의 순간

이번 역시 방청했던 앞 사건 재판이었다. 서울보다 재판 더 많기로 소문난 법원이었는데, 사람이 너무 몰려 방청석이 꽉 찼다. 변호사들도 앉을 자리가 없어 구석에 뻘쭘하게 서 있을 정도였다. 게다가 에어컨도 시원찮았다. 에어컨이 사람들의 체온을 못 이겼다. 덥고 답답했다. 다들 자기 순서 빨리 돌아오기만을 기다리며 겨우 참고 있었다.

그러던 중 한 사건 재판이 시작됐다. 강제추행으로 기소된 남성이 멀끔한 정장을 입고 나와 무죄를 주장했다. 증거 조사가 이어졌다. 동영상이 증거로 제출됐다. 규정에 따라 영상이 법정에서 재생됐다. 고급 위스키 바에 엉덩이가 닿을 정도로 나란히 붙어 앉아 있는 피고인과 주점 여종업원의 뒷모습. 프로젝터를 통해 스크린에 커다랗게 비쳤다.

강제추행 사건의 피고인과 피해자가 함께 등장하는 영상이었다. 게다가 그 여성은 몸에 착 달라붙는 빨간색 얇은 원피스를 입고 있었다. CCTV 카메라가 등 뒤에 있어서 얼굴은 제대로 보이지 않았지만, 〈화양연화〉 속 빨간 치파오 입은 장만옥처럼 고혹적이었고, 〈말레나〉의 모니카 벨루치처럼 매혹적이었다. 순식간에 모두의 시선이 집중됐다.

그 많은 사람이 일순간 모두 하던 일을 멈추고 숨죽여 시청했다. 음성이 없는 영상이었다. 덜덜거리는 에어컨 소리와 오래된 프로젝터 특유의 바람 소리만 들렸다. 소리가 없으니 오히려 더 집중됐다. 옆 사람 침 삼키는 소리도 들릴 정도였다. 이제 곧 분명히 뭔가 결정적 장면이 나올 거야. 그렇게 모두가 기다렸다.

사실 시킨 사람 한 명 없었고, 방청객이 다른 사람 사건 증거를 굳이 볼 필요도 없었지만, 모두가 집중했다. 이런 걸 보면 학생들에게 공부하라고 다그칠 필요 없다. 자기 주도 학습이 최고다. 스크린에 시선을 고정한 채 이런 실없는 생각을 하고 있었는데. 아니 그런데. 영상이 갑자기 툭 끝났다. 이게 뭐지?

이어서 변호인이 입을 열었다. 앗, 검사가 아니고 변호인? "재판장님. 지금 시청한 것과 같습니다." 이게 무슨 상황이지? "이렇게 둘 사이에는 당시 아무 일도 없었습니다." 곳곳에서 웅성거렸다. 아주 조그맣게 괜히 봤다는 소리도 들려왔다. 나 역시 마찬가지였다.

그런데 생각해보면 당연한 일이었다. 애초에 그 영상을 증거로 제출한 건 변호인이었다. 검사가 아니었다. 그러니 강제추행이 없었음을 보여주는 증거일 수밖에 없다. 그런데도 다들 숨죽여 보다니. 그 순간 그 후끈한 법정 분위기를 지금도 잊을 수 없다. 역시 인간이란 모순과 결함 덩어리다. 모두 다 나의 솔직한 자기 고백이기도 하다.

화양연화

부자 지인이었다. 평소 씀씀이가 상당히 컸다. 사업이 잘되는 모양이었다. 그런데 어느 날 의외의 연락을 받았다. 사정상 급히 융통해야 하니 돈 좀 빌려달라는 부탁이었다. 그리 크지 않은 돈이라 별 고민 없이 빌려줬다. 한 동네 사는 친분도 작용했고, 설마 부자 사업가가 이 정도 돈을 떼먹으랴 하는 생각도 있었다.

하지만 착각이었다. 얼마나 다급하고 힘들었으면 고작 그 돈 빌리러 사정하고 다니겠느냐고 생각했어야 마땅하다. 실수다. 약속한 변제일이 지났지만, 차일피일 미뤘다. 의뢰인 돈은 어떻게든 받아주면서도 정작 내 돈은 못 챙긴다. 바쁘기 때문이기도 하다. 그렇게 시간이 흘러갔다.

특별할 것 없는 평범한 어느 날이었다. 그날도 법원에 갔다. 이번에도 재판 순서를 기다리던 중이었다. 한 사건 재판이 끝나고 다음 사건이 시작될 때였다. 판사가 마이크에 대고 다음 재판 사건번호와 당사자 이름을 불렀다. 하지만 언제나 그렇듯 판사는 배우 엄태구처럼 발음을 뭉개면서 읊조렸다. 그래서 잘 안 들린다. 전국법관 대표회의에서 법정 내 마이크 음량을 제한하기로 결정이라도 했는지. 매번 참 신기한 일이다. 그래도 방청석에 앉아 있던 그 사람은 자기 이름을 알아듣는 데 성공했고, 앞으로 걸어 나갔다.

믿을 수 없었다. 눈을 의심했다. 그 형님이었다. 고개를 푹 숙이고 있었지만, 특이한 이름까지 더해보니 확실했다. 놀랍게도 사기 사건의 피고인이었다. 이럴 수가. 심지어 깔끔하게 자백했다. 금방 갚겠다고 지인을 속여 돈 받아 쓰고는 갚지 못해 고소당했다. 관련 전과도 있었다. 놀랍게도 옆에 앉아있는 국선변호인도 친한 대학 후배였다. 그 둘을 한꺼번에 딱 만나다니. 세상 참 좁다.

　재판은 금방 끝났다. 선고일은 3주 후로 잡혔다. 그때까지 돈 못 갚으면 실형이다. 혹시라도 나를 알아볼까 봐 고개를 돌렸다. 그 사건에서 사기 혐의로 수사 받는 와중에 나한테서 돈 빌려갔다. 금방 갚을 수 있다는 거짓말을 늘어놓으며 나를 속였다. 기망행위와 사기의 고의 모두 인정된다. 그로부터 몇 년 지났지만, 아직 못 받았다. 고소도 안 했고, 소 제기도 안 했다. 이제는 영혼 없는 사과의 문자 같은 것조차 더는 오지 않는다. 구속, 사망, 월북 또는 휴거가 아니라면, 더 이상 갚지 않아도 되는 돈이 됐다고 생각하기 때문일 거다.
　다른 사람 돈 받아주느라 내 돈은 찾아올 시간이 없다. 웃자고 하는 소리가 아니라 정말 그렇다. 하지만 손해 보고도 그냥 놔두면 호구가 된다. 사납게 달려들지 않으면 사기꾼은 눈 하나 꿈쩍하지 않는다. 이러니 사람이 싫어질 수밖에. 재미있는 법정 에피소드를 들려주려고 웃으며 시작했는데, 결국 이렇게 분노와 냉소로 끝나게 됐다. 어쩔 수 없나 보다. 이게 세상이고 이게 현실이니까. 이래서 점점 더 사람이 싫어진다.

세상은 넓고
미친놈은 많다

성 관련 사건은 언제나 조심스럽다. 엉뚱한 곳으로 불똥이 튈 수 있어 신중히 처리해야 한다. 유형도 다양하다. 온갖 사건이 다 터진다. 그중에는 이해하기 힘든 일도 많다. 요즘 갑자기 이런 사건이 연이어 들어왔다. 유부남이 총각 행세하며 여자를 농락했다. 금전적, 신체적, 정신적 악행이다.

교수님의 이중생활

우리나라에서 몇 손가락 안에 드는 유명 대학의 교수였다. 겸임, 객원, 초빙이 아닌 말 그대로 '진짜' 교수였다. 마흔을 코앞에 둔 나이였다. 미모의 대기업 임원 비서와 만났고 1년 교제 후 결혼식을 올렸다. 상견례, 약혼식까지 다 거쳤다. 서울 요지에 전세로 신혼집도 차렸고 둘은 함께 지냈다. 이상할 게 전혀 없었다. 혼인신고는 바로 하지 않았지만 요즘 그게 그리 특별한 일도 아니다.

하지만 이 모든 건 교수의 이중생활이었다. 교수는 이미 10년 전 결혼했다. 딸이 셋이나 있었다. 배우자와 관계도 원만했다. 교수 사모는 이 사건이 터진 후에도 적어도 대외적으로는 명문대 교수 남편을 원망하지 않았다. 오히려 그년이 남편에게 꼬리 쳤다며 여자를 원망했다. 여자 직장에 찾아가겠다고 난리였다. 젊은 나이에 이런 일을 당하다니. 피해자가 너무 불쌍했다. 알고 보니 결혼식 하객은 물론 상견례 자리에 나온 시부모까지 한 명도 빠짐없이 싹 다 역할 대행 알바였다. 이 정도면 그들도 거의 공범 수준 아닌가. 멀쩡한 대학 교수가 이런 미친 짓을 실행하다니. 이건 제정신이 아니다.

도대체 무슨 배짱으로 그리고 무슨 생각으로 여자 식구들을 만나고 집도 얻고 결혼식까지 올렸는지 내 상식으로는 아직도 도저히 이해가 안 된다. 이런 미친 짓은 누군가에겐 평생 잊을 수 없는 상처를 남긴다. 하지만 혼인빙자간음죄는 2009년 헌법재판소의 6대3 위헌 결정으로 이미 사라진 지 오래. 그래서 위자료 등 손해배상 소송이라도 진행했다.

더 있다. 이번엔 해외에서 명품을 들여와서 파는 사업가 사건이다. 돈 잘 벌었다. 와인 동호회에서 미모의 식품회사 연구원을 만났고 결혼을 약속했다. 준비는 차근차근 진행됐다. 결혼식 날짜 정하고 예식장 잡고 신혼여행 예약도 끝났다. 마지막 단계로 함께 신혼집 보러 다녔다. 그것도 비싼 동네 신축 아파트만 돌아다녔다. 철석같이 믿은 여자는 직장도 그만뒀다. 남자가 얼마나 잘 살면 거길 그만두지? 주변 사람들은 부러워하는 걸 넘어 배 아파 죽으려고 했다.

하지만 우연한 기회에 진실이 밝혀졌다. 그 사람 역시 유부남이었다. 그리고 더 충격적인 사실이 드러났다. 일 때문에 자주 들락거리던 그 나라에는 현지처가 있었다. 숨겨둔 자녀까지 있었다. 그것만 해도 충격적인데 그보다 훨씬 더 큰 일이 있었다. 몰래 성관계 영상을 촬영해 친구들 단톡방에 계속 올렸다. 온갖 성적 표현이 등장하는 품평회가 열렸다. 한두 번이 아니었다. 용서할 수 없는 쓰레기다. 징역형 받고 교도소에 갇혀 지금도 죗값을 치르고 있다. 하지만 이번에도 남자의 배우자는 모든 걸 용서했다. 또는 감수했다.

교훈 : 공격하지 않으면 내가 다친다.

두 사건 모두 명확해 보인다. 유부남은 가해자, 속은 여성은 피해자. 하지만 세상일이 그렇게 단순하지 않다. 피해 본 여성이 초반에 제대로 대응하지 못하면 오히려 가해자로 몰릴 수 있다. 순식간에 꽃뱀이 되어버릴 수도 있다. 본처가 있기 때문이다. 그런 남자들은 용하게도 본처의 용서를 재깍재깍 잘만 받아낸다. 실제로 별 문제없이 생활하거나, 아니면 적어도 문제없는 척하며 산다.

물론 내 남편이 유부남이라는 사실은 엄청난 충격일 것이다. 쉽게 받아들일 수 없는 일이다. 그 누구라도 정신 차리기 쉽지 않다. 하지만 머뭇거리면 안 된다. 아무리 당황스럽고 수치스럽고 세상이 싫어도 그냥 두면 안 된다. 유부남에게 꼬리 친 여우가 되어 본처에게 당할 수 있다. 이런 사건에서 선제공격은 선택이 아니다. 내가 살기 위한 필수 수단이다. 그냥 두면 가해자 되고 만다. 세상은 이렇게 무섭다.

원빈과 현빈

이왕 이야기 나온 김에 이어가겠다. 소신 발언이다. 현재 우리나라에서 성범죄는 사실상 유죄 추정에 가깝다. 하지만 오해하면 안 된다. 이건 남녀 문제가 아니다. 젠더 이슈도 아니다. 범죄자와 피해자에 관한 법률 사안이다.

물론 남성이 여성에게 가한 성범죄가 압도적으로 많다. 하지만 그 외의 경우도 분명히 존재한다. 여자가 남자에게 범한 성범죄도 있고, 동성 간 범죄도 적지 않다. 남녀가 합세한 성범죄도 있다. 당연히 성범죄자는 엄벌해야 한다. 피해자는 최대한 보호해야 한다. 하지만 현실에 대한 고민도 필요하다. 특히 법조인이라면 더 그렇다. 아무리 민감한 법률 이슈라 하더라도 욕먹기 싫어 외면하거나 비겁하게 도망치면 안 된다.

성범죄로 기소된 사건에서 무죄 판결 얻어내기는 정말 어렵다. 첫 단계부터 사실상 유죄로 취급되기 때문일 수도 있고, 애초에 유죄 근거가 차고 넘치도록 충분한 경우에만 기소되기 때문일 수도 있다. 또는 둘 다일 수도 있다.

한 대학생이 기소됐다. 강제추행. 노래방 남녀공용 화장실에서 우연히 마주친 여성에게 강제로 입 맞췄다는 혐의였다. 재판을 앞두고 부모와 함께 찾아왔다. 이야기를 찬찬히 들어보니 상황이 좋지 않았다. 수사 당시 변호사 없이 학생 혼자 다녀왔다. 큰일이었다. 실제로 어린 학생들은 엄마, 아빠가 알게 되면 혼날까 봐 어떻게든 혼자 해결하려다 일을 망친다. 소문날까 두려워 친구와 지인에게 도움을 청하지도 못한다.

이미 피의자신문조서가 불리하게 작성되었을 거다. 수사 과정에서 오간 문답을 문서에 기재하고 마지막에 피의자의 서명과 날인을 받는다. 이렇게 작성된 조서는 유죄의 증거가 될 수 있다. 판결에 큰 영향을 미친다. 그런데 조서는 속기록이 아니다. 대화 내용을 그대로 가감 없이 활자화하는 게 아니다. 작성자가 요약하고 정리해서 타이핑한다. 같은 말이라도 어떻게 요약하고 어떤 뉘앙스로 기재하느냐에 따라 의미가 완전히 달라진다. 예를 들면, 이런 식이다.

문: 그날 자정 무렵 부평역 광장에 갔죠?

답: (당황하며) 아니오.

문: 부평역에서 친구 A 만났죠?

답: (한참 묵묵부답하다) 아닙니다. 거기 간 적 없습니다.

문: A에게 헤어진 여자 친구 강간하고 영상 찍어 오라고 시켰죠?

답: 아닙니다. 뭔가 잘못된 것 같습니다.

문: A에게 물어보니 그 시각 그곳에서 피의자를 만났다고 하던데, 맞죠?

답: (고개 숙여 바닥을 바라보며 묵묵부답)

글만 읽어도 상황이 머릿속에 그려지고 느낌이 전해진다. 하지만 괄호 부분을 가리고 다시 읽어보면 느낌이 확 달라진다. 그래서 변호사는 조사 막바지에 조서 전체를 꼼꼼히 검토한다. 불필요한 내용 삭제는 물론 뉘앙스가 잘못 기재된 부분의 수정을 요구한다. 그 과정에서 경찰, 검사와 싸우다시피 할 때도 있다.

이와 관련해서 최근 진행된 큼직한 사건들은 매우 흥미롭다. 조서 검토에 상당히 많은 시간을 썼다. 우선 박근혜 전 대통령. 2017년 봄 검찰 조사 당시 조서 검토에 7시간 30분이나 사용했다.

고침 줄 빼곡한 조서 … '7시간 검토' 검찰도 예상 못했다

22일 오전 6시 55분에 서울 서초동 서울중앙지검 청사를 나선 박근

혜 전 대통령이 이에 앞서 약 7시간20분 동안 피의자 신문조서를 읽고 수정을 요구했다. 약 14시간 동안 진행된 검사의 신문 뒤에 벌어진 상황이었다. (중략)

박 전 대통령의 수정 요구는 조서 전반에 걸쳐 광범위하게 이뤄졌다. 검찰에 따르면 "이건 이렇게 말한 게 아니었는데 내용이 잘못 받아들여진 것 같다" "이 표현은 이런 의도가 아니었고…" 등의 말로 재작성을 요청했다. 처음에 작성된 신문조서 중 일부는 폐기됐다. 문장이나 단락 전체를 들어내야 했기 때문이다. 단어나 표현을 바꾸는 단순 수정의 경우에는 그 위에 줄을 긋고 박 전 대통령의 도장을 찍은 뒤 고침 표시를 해놓았다. 검찰 관계자는 "조서의 총 분량이 수백 쪽으로 많은 탓도 있지만 전체적으로 수정 사항이 너무 많아 개수로 표현하기가 어렵다"고 말했다.

_〈중앙일보〉, 2017년 3월 23일

1년 후 이명박 전 대통령은 6시간 넘게 조서를 검토했다.

신문조서 190쪽… MB, 6시간 30분간 꼼꼼히 검토

이 전 대통령과 변호인은 밤을 새워가며 신문조서 내용을 검토했다. 조사에 14시간 30분, 조서 검토에 6시간 30분을 쓴 셈이다. (중략)

이번 조사에서 한밤중에 피의자 신문을 끝낸 이 전 대통령은 쉬지 않고 직접 조서를 꼼꼼하게 검토했다. 검찰 관계자는 "이 전 대통령이 직접 구체적으로 수정해 달라는 요청을 여러 번 했다"며 "검찰은 수정 요구를 조서에 충실하게 반영했다"고 말했다.

_ 〈한국일보〉, 2017년 3월 15일

노무현 전 대통령은 3시간, 우병우 전 민정수석은 5시간을 사용했는데, 그것도 보통의 경우에 비해 상당히 길게 한 거다. 압권은 2019년 양승태 전 대법원장이다. 세 차례에 걸쳐 27시간 동안 조사받았고, 조서 검토 시간은 총 36시간 30분. 이 정도면 한국 신기록이 아닐까 싶다. 오죽하면 당시 "검찰 조서 통째로 외우는 듯" 같은 제목의 기사가 나왔을까.

이렇듯 조서 검토가 중요한데, 형사 절차 하나도 모르면서 혼자 출석한 대학생 피의자의 조서가 어떻게 작성했을지 안 봐도 뻔했다. 이런저런 이야기를 나눴지만, 결국은 막판에 선임료 부담된다며 다른 곳으로 갔다. 그런데 몇 달 후 1심에서 유죄 판결을 받았다며 다시 찾아왔다. 하지만 1심 성범죄 유죄를 2심에서 무죄로 바꾸는 건 매우 어렵다. 변호사 업무 중 가장 어려운 축에 속할 거다. 그래서 이 사건을 수행하면서 더욱 치열하게 다투고 싸울 수밖에 없었다.

한편 지금도 항소심 공판 검사의 태도가 생생히 기억난다. 한 마디로 수준 이하에 자격미달이었다. 변호인이 무슨 말만 하면 맞은편 자리에서 상체를 비틀며 대놓고 피식피식 비웃었다. 자기가 재판장인 것처럼 피고인을 훈계했다. 변호인을 공범으로 인식하는 듯한 느낌이었다. "둘이 서로 모르는 사이였던 건 맞지만, 그 순간 합의해서 행동 했을 뿐"이라고 변론했더니, 잔뜩 찡그린 얼굴로 끼어들어서는 "아니 잠깐. 피고인이 '현빈'이라도 되냐? 피고인이 '현빈'도 아닌데 어떻게 처음 본 남녀가 키스할 수 있냐?"고 비웃었다. 황당했다. 내 눈과 귀를 의심했다. 그 검사는 배우 현빈을 좋아했나 보다. 별로 궁금하진 않았지만 소중한 정보 감사했다.

당하고 참는 성격이 아니지만, 끝까지 내색 한 번 안 하고 꾹 참았다. 내 옆에는 1심에서 성범죄 유죄 판결을 받고 일생일대의 위기에 처한 피고인이 있었기 때문이었다. 갈 길이 멀었다. 1심 재판에 증인으로 나왔던 고소인을 어렵게 다시 불러냈다. 재판장에게 간청하고 또 간청한 결과였다. 하늘이 내린 기회, 아니 재판장이 선물해준 기회였다. 마지막 기회라고 생각하고 철저히 준비했다. 그리고 증인신문이 열릴 법정에 나온 고소인을 본 순간 자신감이 생겼다.

질문은 거칠고 무자비했다. 증인은 급기야 울음을 터뜨렸다. 하지만 전혀 미안하지 않았다. 잘하고 있다는 증거였다. 같이 출석한 여성 변호사도 나와 같은 생각이었다. 사실 그날 노래방에서 어떤 일이 있었는지, 진실이 뭔지, 나는 모른다. 그건 중요하지 않다. 그저 우리는 맡은 일을 했을 뿐이다.

증인 신문이 전부는 아니다. 그 밖에도 할 일이 많았다. 유죄 판결을 뒤집으려면 보통 노력으로 안 된다. 현장 조사와 새로운 증거 수집을 통해 후회 없이 준비했다. 드디어 분위기가 조금씩 바뀌기 시작했다. 그리고 무죄. 피고인이 풀려났다. 그제야 큰 짐을 던 것 같아 후련했고, 괴상한 태도의 그 공판 검사를 이겨서 통쾌했다. 현빈 좋아하는 검사가 불복해서 대법원까지 갔지만 얼마 후 무죄 판결이 최종 확정됐다. 변호사 개업한 그 검사를 방송에서 종종 본다. 그래도 아는 사람을 보니 반가웠다. 옛날 추억도 떠오르고. 뭐 그 분은 나를 기억 못 하겠지만.

혹시라도 성범죄자를 옹호하는 것처럼 보일까 걱정된다. 그럴 리 있겠는가. 전혀 아니다. 절대 아니다. 엄벌해야 한다. 다만 억울하게 누명 쓰는 경우도 존재한다는 사실을 잊으면 안 된다는 말을 하려는 거다. 요즘 분위기상 언급 자체가 조심스러울 수밖에 없지만, 우리 주변에 꽃뱀은 실제로 존재한다. 안타깝게도 우리는 지금 건국 이래 꽃뱀에게 가장 유리한 시대를 살고 있다.

성범죄에 적극적으로 대처하면서 발생하는 피치 못할 부작용을 꽃뱀과 기둥서방들은 귀신같이 포착한다. 그리고 절묘하게 이용한다. 이런 직업형 꽃뱀만 있는 것도 아니다. 우발적 무고도 횡행한다. 애인에게, 남편에게 들킨 후 혼날까 두려워 강간당했다고 둘러댄다. 일방적으로 결별 선언한 연인에 대한 배신감에 허위로 신고한다. 사귀는 줄 알고 잠자리 가졌는데 그날 이후 연락 딱 끊은 그 자식이

얄미워 엿 한번 먹어보라며 고소한다. 그러다 큰일 난다. 한순간의 잘못된 판단으로 신세 망친 사람 한둘이 아니다.

꽃뱀과 무고 이야기는 이쯤 하자. 이야기의 주제가 흐려질까 걱정된다. 다시 유죄 추정 현실로 돌아오면, 어느 정도 이해되는 측면도 있다. 범죄 특성상 증거가 부족한 경우가 많기 때문이다. 가해자와 피해자만 있을 뿐 다른 건 없다. 뇌물 범죄도 비슷하다. 누가 멍청하게 목격자 있는 곳에서 뇌물을 주고받겠나. 몰래 주고받아야지. 그래서 반드시 목격자를 요구하는 건 뇌물죄 처벌을 포기한다는 말과 다름없다. 따라서 뇌물 건넨 공여자의 진술이 구체적이고 일관되면 수뢰죄 유죄 가능성이 커진다.

성범죄도 마찬가지다. 직접증거만을 요구하면 범죄자가 법망을 피해 나가기 수월해진다. 따라서 범죄 유형별 특성을 반영한 융통성 있는 법 운용이 불가피하다. 그 필요성을 부정할 수 없다. 하지만 지금처럼 성범죄를 사실상 유죄로 추정해버리면 억울한 피해자가 생길 수밖에 없다. 그래서 균형이 필요하다. 성범죄자 엄벌과 억울한 피해자 방지 사이의 절묘한 균형 지점을 찾아야 한다.

그렇다면 그 균형점은 어디일까. 참 어려운 문제다. 시대와 상황에 따라 조금씩 계속 변할 수 있다. 또는 변해야만 한다. 국회가 법으로 정하거나 대법원이 판결로 정리할 수밖에 없다. '업 앤 다운' 게임처럼 조금씩 위로 조금씩 아래로 계속해서 이동시켜봐야 균형점을 확인할 수 있다.

모두가 가장 합리적인 균형점을 찾기 위해 노력해야 한다. 골치 아프다고 외면하면 안 된다. 비난이 무섭다고 회피해도 안 된다. 국민은 투표와 여론 형성을 통해 간접적으로 이 균형점 찾기에 영향을 줄 수 있다. 무엇보다 잘못된 제도와 규칙의 피해자가 미리 정해져 있는 게 아니다. 바로 내가 그 피해자가 될 수도 있다. 그런 끔찍한 상황에 처하지 않으려면 미리미리 관심을 기울이고 움직여야 한다.

뽀로로 매트와
집단지성 찌라시

많은 이혼 사건을 다뤘다. 사건이 많다 보니 거창하게 '가족법 연구소'를 만들어 부하 변호사들과 함께 연구하고 토론할 정도다. 소개팅, 맞선 주선 성공 사례는 한 건도 없지만, 이혼으로 인도한 부부는 꽤 많다.

이혼에 이르는 이유는 다양하다. 상담이 몇 시간씩 이어지기도 한다. 하지만 수십 년간의 사연도 냉정하고 무심하게 짧은 단어 몇 개로 정리된다. 또는 정리해야만 한다. 갈등의 원인을 찾아 위로 계속 거슬러 올라가 본다. 그리고 그곳에서는 대체로 '돈' 문제가 발견된다.

성격 차이도, 성적性的 차이도 대부분 돈과 관련되어 있다. 고부갈등과 장서갈등, 시월드와 처월드에도 돈 문제가 깔려있다. 돈이 갈등 발생의 시작점인 건지, 반대로 돈이 충분하면 어지간한 갈등은 덮고 참고 견딜 수 있는 건지 모르겠지만. 재산, 돈은 대단히 중요하다. 물론 그게 전부인 건 아니다. 공격, 방어 어느 쪽에 서더라도, 이혼 사건은 복잡해 보이면서도 단순하고 단순해 보이면서도 복잡하다.

한편 그동안 처리한 사건들 중에는 눈을 의심할 정도의 것들도 적지 않다. 드라마, 영화보다 실제 현실이 훨씬 더 자극적이다. 하지만 개인의 내밀한 영역이므로 확실하게 보호되어야 한다. 그래서 이 책에서 다룬 사건들은 주변 정보를 바꿔서 누구도 알아보지 못하게 했다. 그렇게 해도 핵심이 전달될 수 있는 사건만 골라봤다.

뽀로로 매트

이혼 소송에는 조정 전치주의調定前置主義가 적용된다. 따라서 재판에 앞서 또는 재판 도중 적어도 한 번 이상 조정 절차를 진행해야 한다. 가사소송법 제50조에 명시되어 있다. 끝까지 재판 진행해서 판결 선고까지 가는 건 최대한 피하자는 취지다. 드라마 '사랑과 전쟁'에서 신구, 정애리 등 조정위원이 갈등을 중재하고 원만한 해결을 도모하는 바로 그 절차다. 물론 재판 그만두고 합의해서 이혼하자는 것도 원만한 해결에 포함된다.

그런데 조정장에서 이런 일도 있었다. 재판이 오래 이어질 줄 알았는데, 양 측이 이혼에 합의했다. 이게 바로 조정의 취지다. 가장 어려운 문제인 양육권, 양육비도 차례로 정리됐다. 이제 남은 건 재산 분할. 그런데 여기서 충돌했다. 큰 것들은 문제없었는데, 자잘한 부분에서 서로 양보하지 않았다. 아무리 봐도 이건 그냥 감정싸움이었다. 그 핵심에 '뽀로로 매트'가 있었다. 아이들 넘어지면 다치고 뛰면 아랫집 시끄러우니까 바닥에 까는 그 평범한 매트다. 그냥 뽀로로 캐릭터가 그려져 있을 뿐.

남편은 집에 있는 모든 걸 똑같이 반반으로 나누자고 주장했다. 공평하게. 그래서 집에 두 개 있는 뽀로로 매트도 하나씩 나눠야 한다고 고집했다. 앞으로 어린아이를 혼자 키워야 했던 아내는 어이없어했다. 아이도 없는데 뽀로로 매트를 꼭 가져가야 하느냐고 반문했지만, 남편은 요지부동이었다. 억지였다. 타협이 안 됐다. 결국은 아내의 감정이 폭발했다. 꾹꾹 누르고 참았던 눈물이 터져 나왔다.

한참을 서럽게 울었다. 그 방의 분위기가 무겁게 가라앉았다. 다들 아무 말도 하지 못하고 한참을 기다렸다. 조정을 마무리하고 조서를 작성하기 위해 내려와 있던 판사가 천천히 이야기를 시작했다. "너무 서러워하지 마세요. 너무 슬퍼하지도 마시고요." 그리고 오랜 경험에서 우러나온 말을 남겼다. "결혼도 행복하기 위해 하는 거고, 이혼도 행복해지려고 하는 겁니다. 잊지 마세요."

내게도 평생 잊을 수 없는 말이 되었다. 그날 이후 가사 사건 다룰 때마다 몇 번씩 되새긴다. 당사자에게도 변호사에게도 정말 중요한 이야기이다.

품앗이 SNS

남편은 우리나라에서 가장 유명하다고 할 수 있는 외국계 회사 직원이었다. 아내는 뭔가 수상함을 느꼈고 결국 단서를 잡았다. 상대방은 남편의 회사 동료였다. 아내는 분노했다. 곧바로 모든 걸 회사에 알리고 정문에서 1인 시위를 시작하려 했다. 온라인에 당사자들 신상 정보 다 퍼뜨리겠다며 흥분했다.

일단 자제시켰다. 명예훼손죄로 처벌받을 위험이 컸다. 물론 그걸 감수하고 일 저지를 수도 있다. 득실을 따져서 전략적으로 행동하면 된다. 하지만 홧김에 저지른 후 후회하지 않으려면 일단 신중해야 한다고 설득했다. 의뢰인도 수긍했다.

잠시 후 업무를 마치고 귀가했다. 카톡 메시지 하나가 들어왔다. 제목은 [받은글]이었다. 뻔한 찌라시겠거니 생각하며 대수롭지 않게 훑어봤다. 그런데 이럴 수가. 놀랍게도 바로 그 사건이었다. 게다가 사실관계가 정확하고 자세했다. 이미 온라인 커뮤니티는 온통 그 사건 이야기였다. 이게 대체 어떻게 된 일이지? 혹시나 해서 의뢰인에게 연락해서 알고 있는지 물어봤다.

내막은 이랬다. 의뢰인은 내 조언을 어기지 않았다. 다만 이름, 직장, 부서, 지역 등 중요한 정보를 일부러 아슬아슬 모호하게 적어서 인터넷 커뮤니티에 올렸다. 노림수였다. 그 글은 사람들의 호기심과 정의감을 정확하게 자극했다. 마침 그때 커뮤니티에 들어와 있던 그 회사 직원 중 한 사람이 거의 실시간으로 "이거 우리 회사 일이다!"라고 외쳤고, 이어서 다른 사람이 "아, 그럼 이 남자 누구겠네. 상대방은 누구겠네." 이렇게 정보를 하나씩 추가했다. 집단 지성에 의해 순식간에 찌라시가 완성됐다. 그렇게 만들어진 카톡 [받은글]은 삽시간에 퍼져나갔다. 그리고 그로부터 잠시 후 다른 사람도 아니고 그 사건 변호사인 나에게도 그게 들어온 거다.

이 모든 일이 두 시간 안에 다 벌어졌다. 무서운 온라인 세상이다. 자랑하고 싶은 일도 감추고 싶은 일도 온라인에 올라오는 순간 온 세상이 알게 된다. 가사 사건에서 SNS가 유용한 수단이 될 수 있지만, 반대로 자충수가 될 수도 있다. 이미 SNS는 일상생활의 일부분이 되었다. 비록 내가 SNS를 사용하지 않더라도 그 사실을 늘 염두에 두고 경계하거나 활용해야 한다.

가정의 평화와 친족 간 서로 돕는 미풍양속

이혼을 비롯한 가사 소송을 다룰 때마다 늘 가사소송법의 첫 번째 조항을 기억하려 한다.

> **가사소송법 제1 조 | 목적**
>
> 이 법은 인격의 존엄과 남녀평등을 기본으로 하고 가정의 평화 및
> 친족 간에 서로 돕는 미풍양속을 보존하고 발전시키기 위하여 가사
> 에 관한 소송과 비송 및 조정에 대한 절차의 특례를 규정함을 목적
> 으로 한다.

솔직히 친족 간 서로 돕는 미풍양속이 뭘 말하는지는 잘 모르겠다. 하지만 인격 존엄과 가정 평화의 중요성에는 전적으로 공감한다. 특히 변호사로서 가사 사건을 처리하면서 가정의 평화에 기여할 수 있어 큰 보람을 느낀다. 문제를 덮고 외면하고 무조건 참으라고 강요해선 가정에 평화가 올 수 없다. 문제를 찾아내서 도려내고 상처를 소독하고 새 살이 올라올 시간을 벌어줘야 한다. 당장 아플 수 있어도 그래야 진정한 평화를 되찾을 수 있다.

앞으로도 큰 이변이 없는 한 변호사로 생활하면서 많은 이혼 사건을 다루게 될 거다. 그 과정에서 나 역시 스트레스와 부담감에서 촉발된 심적 고통에 시달릴 게 뻔하다. 사실 이혼 소송에서 변호사는 법률 전문가일 뿐만 아니라 심리상담사, 동기부여 강사, 말동무 역할까지 담당하곤 한다. 쉬운 일이 아니다. 그런다고 돈을 더 받는

것도 아니다. 하지만 힘들 때마다 가사소송법 제1조를 다시 떠올리겠다. 인격의 존엄과 남녀평등을 기본으로 한 가정의 평화. 변호사는 강한 의지와 사명감을 가져야 한다.

범죄에도 트렌드가 있다. 유행이 있다. 고전 범죄들도 여전히 기승인데, 여기에 신종 범죄가 쉬지 않고 추가된다. 그리고 그사이 어디쯤 위치한 범죄도 많다.

오거리파

조폭 범죄는 고전 중에서도 고전이다. 역사가 깊다. 야인시대 김두한, 시라소니, 구마적, 신마적에 정치깡패 이정재, 유지광까지 모두 다 조폭이었다. 산적, 해적, 왜구 등 역사가 유구하다. 오죽하면 30년 전 대통령이 조폭에게 전쟁까지 선포했을까.

가끔 조폭들도 사건 좀 맡아달라고 요청해온다. 하지만 그렇게는 못 한다. 도덕, 양심. 뭐 그런 거 아니다. 무서워서 안 한다. 끝이 깔끔하지 않은 경우가 많다. 직원들도 그런 사건 수임할까봐 불안해한다. 물론 당장 회사에 큰돈 들어오는 일이니 고민은 된다. 하지만 거절하면 그제야 직원들 표정이 풀린다. 무슨 마음인지 나도 잘 안다.

그런데 반대 방향 사건도 있다. 조폭 변호가 아니라 조폭과 싸울 수도 있다. 지역 이름을 앞에 붙인 'OO오거리파' 중간 간부였다. 감금, 폭행, 협박, 강요, 횡령 등으로 그 간부를 고소했다. 겁 없이 달려들어 일단 구속시키는 데까지는 성공했다. 얼마 후 검사의 전화를 받았다. 형사, 민사 한꺼번에 해결하자며 검사실로 오라는 이야기였다. 두 시간 꼬박 운전해서 OO에 갔다.

그 조폭과 처음으로 대면했다. 수갑에 포승까지 하고 있었지만 눈매가 매서웠다. 검사 앞에서도 은근히 피해자와 변호사를 협박하고 압박했다. 하지만 겁먹은 티 내지 않으려 노력하며 버텼고, 결국 충분히 받아냈다. 역시 구속은 누구에게나 괴로운 일이다. 아무리 조폭 중간 보스라 하더라도 견디기 힘들다. 조폭도 결국은 다 똑같은 사람이다. 돈이야 또 벌면 되지만, 갇혀 있는 건 잠시도 못 견딘다. 다행히 그날 이후 OO오거리파의 연락은 없었다.

사설 토토

돈 많이 주겠다는 사건은 또 있다. 이건 비교적 신종이다. 불법 스포츠 도박. 사설 토토라고도 부른다. 제대로 운영되면 그야말로 떼돈을 번다. 그만큼 국내 도박 수요가 매우 크다. 직장인, 대학생은 물론이고 요새는 중고생들도 여기 빠져서 문제다. 간혹 불법인 줄도 모르고 하는 사람도 있다.

조직 '넘버 투'부터 하부 조직까지 10명 가까이 구속된 사설 토토 조직 사건이었다. 수괴는 필리핀에서 잠적했다. 경찰이 열심히 수사했다. 무죄 가능성은 없었다. 그들도 그 정도는 안다. 언젠가 적발될 걸 대비해서 미리 돈 빼돌리고 대신 옥살이 할 사람도 세운다. 판사, 검사 현혹해서 말단 조직원이 최대한 많이 덮어쓰게 만드는 게 목표였다. 그래야 2인자를 비롯한 간부들이 조금이라도 책임을 덜 수 있으니까.

그런데 여기에는 아주 중요한 전제가 있다. 총대 매기로 한 그 조직원이 약속을 지켜야 한다. 수익을 어디에 은닉했는지 두목은 어디에 있는지 털어놓으면 안 된다. 함구해서 조직을 보호해야 한다. 그렇지 않으면 간부들도 위험해진다. 그래서 입단속이 중요하다. 조직이 너를 지켜보고 있으니 허튼짓할 생각도 하지 말라는 메시지를 계속 보내야 한다. 조사받으면서 경찰, 검사에게 어떤 말 하는지도 지켜보고 감시해야 한다. 매일 구치소 찾아가서 직접 얼굴 보고 점검해야 한다. 그럼 어떤 사람이 이런 역할을 공개적으로 합법적으로 할 수 있을까. 바로 변호사다.

이건 사실상 연락책 역할을 맡아달라는 부탁이다. 그래서 그들은 엄청나게 큰 금액을 수임료로 제시했다. 하지만 거절했다. 그렇지만 분명히 누군가는 지금도 이런 일 하면서 돈 벌고 있다. 물론 변호사가 저렇게 살면 자괴감 들지 않을까 생각되지만, 우리 모두에게는 각자 나름의 사정이 있고, 그 사정에 따라 행동하고 각자 책임지면 된다.

태국 정킷방 단골, 문제 많은 연예인들

이왕 도박 이야기가 나왔으니 조금 더 하겠다. 몇 년 전 피로에 찌들어 보이는 의뢰인이 찾아왔다. 태국 카지노에서 정킷방 운영하는 사람이었다. 아무리 카지노가 합법인 외국에서 하는 일이지만, 엄연히 우리나라 법을 위반한 범죄다. 당연히 처벌 대상이다. 그런데 왜 입국했지? 우리 경찰이 그렇게 호락호락하지 않은데, 조금 의아했다.

알고 보니 본인 변호 의뢰가 아니었다. 정킷방 업자는 분노하며 그동안의 이야기를 털어놓았다. 아주 유명한 연예인들이 이야기에 등장했다. 그때도 TV 출연하고 있었고 지금도 계속해서 활발히 활동하고 있는 사람들이었다. 아니, 그렇게 유명한 사람들이 외국 가서 몰래 도박을 하고 왔다고? 이 말을 믿어야 하나? 심지어 그중 일부는 깔끔하고 모범적인 이미지로 TV에서 두뇌 기능을 뽐내고 있다. 하지만 내 두 눈으로 직접 확인하진 못했으니 최종 판단은 유보해야 한다.

나를 찾아온 이유는 이랬다. 의뢰인은 한국에서 갖가지 일을 했으나 다 잘 되지 않아 외국으로 갔다. 동남아 여러 국가를 거쳐 태국까지 흘러갔다. 카지노에 드나들다 정킷방 사업을 알게 됐고, 겨우겨우 돈 모아서 테이블 하나를 빌려 영업을 시작했다. 도박장 속 나만의 작은 도박장인 셈이었다. 그리고 인맥을 총동원해서 도박에 목마른 한국 사람을 찾아 태국으로 극진히 모셔 갔다. 국내에도 강원랜드가 있지만, 중독자들은 그 정도로는 만족할 수 없다. 그리고 얼굴 공개된 사람들은 쳐다보는 시선이 두려워서 사실상 강원랜드에 못 간다. 그래서 해외 정킷방 수요가 늘 있다. 뭐 해서 번 돈인지는 몰라도 늘 펑펑 쓰고 오는 큰손들도 있다. 업자는 비행기 표까지 제공하면서 공격적으로 영업했다.

카지노가 번 돈에서 일정 비율로 수수료를 받는 구조였다. 만약 고객이 따서 카지노가 잃으면 그 금액만큼은 정킷방 업자가 부담해야 한다. 그런데 한 재벌가 자제가 태국에 도착한 후 의뢰인에게 돈을 빌려달라고 했다. 첫 거래였지만 유명한 가문의 손님이 요구하니 믿고 빌려줬다. 억대의 큰돈이었다.

그런데 그 사람은 빌린 돈 다 잃고는 갚지도 않고 한국으로 돌아갔다. 그리고는 "도박 빚은 안 갚아도 된다."면서 한 푼도 안 주고 버텄다. 민법 제746조 '불법원인급여'에 해당한다는 주장이다. 사실 법적으로 틀린 말은 아니다. 따라서 자발적으로 주지 않는 한 받아 내기 어렵다. 그래서 이런 경우 빌려준 돈 회수하기 위해 '어둠의 방식'이 동원되기도 한다.

하지만 그 사람은 예전에도 여러 번 비슷한 짓을 했다. 유명한 사람이었다. 그럼에도 업자는 돈 벌기 위해 위험을 무릅쓰고 자기 돈 빌려줬고, 결국 우려대로 낭패를 봤다. 그래서 자기도 이번 기회에 정킷방 자수하고 그 재벌도 처벌받게 하겠다는 거였다. 하지만 아무리 생각해도 얻는 것보다 잃는 게 더 컸다. 그 사람은 재벌가에서 태어나긴 했지만 이미 망나니로 낙인찍힌 지 오래였다. 어차피 돈 받기는 힘들었다. 결국 그 업자는 얻은 것 없이 태국으로 돌아갔다.

이후 다짐대로 정킷방 사업을 접었는지는 나도 잘 모르겠다. 하지만 대충 짐작은 간다. 돈벌이 수단 바꾸는 게 그게 그리 쉬운 일이 아니다. 그도 그렇고 나도 그렇다. 정킷방이든 변호사든 하던 일 그만두고 다른 일로 바꾸기는 쉽지 않다. 아무리 힘들고 괴롭고 지겨워도 그렇다. 세상 일이 다 그렇다.

언제
칼 맞을지
모른다

변호사는 갈등과 분쟁의 한복판에 서 있다. 당사자도 아니면서 가장 앞에서 용맹스럽게 싸운다. 그래서 원한을 사고, 그래서 위험에 처한다. 불안하다. 이건 막연한 두려움이 아니다. 악플이나 협박 전화 정도가 아니다. 물리적 위험이다. 누가 언제 어디서 어떤 공격을 가해올지 모른다. 망상이 아니다. 경험이다.

건물주의 황산 테러

상대방은 할아버지다. 할아버지'였다'가 아니다. 지금도 소송 중이기 때문이다. MB 시절 시작돼 8년째 계속되고 있다. 그런데도 끝날 기미가 안 보인다. 8년 전 할아버지가 의뢰인을 고소했다. 손해배상하라며 민사 소송도 제기했다. 사기당해 돈 뜯겼으니 물어내라는 내용이었다. 하지만 지난 그동안 열 건 넘는 민사 소송에서 우리가 모두 이겼다. 그만큼의 고소 건도 다 방어했다.

앞으로도 지는 일 없을 거다. 확실하게 마무리해서 질 수 없는 상황을 만들어 놨다. 그럼에도 할아버지는 포기하지 않는다. 고소장과 소장을 끝없이 날린다. 왜냐고? 할아버지는 '사기 피해자'이기 때문이다. 누군가로부터 말도 안 되는 외국 투자 유혹을 받고 큰돈을 날렸다. 잠깐. 이게 무슨 말이지? 실제 피해자라고? 그런데 왜 계속 재판에서 지는 거지?

간단하다. 할아버지는 상대방을 잘못 골랐다. 가해자는 당연히 손해배상이든 교도소든 법적 책임을 진다. 하지만 가해자의 가족이라면 이야기가 달라진다. 공범이 아닌 이상 가해자가 아니다. 도의적 책임은 몰라도 법적 책임은 없다. 그럼에도 할아버지는 사기범이 아니라 그 가족을 상대로 8년째 싸우고 있다. 도대체 왜?

가해자 본인을 상대로 얻을 수 있는 게 없기 때문이다. 가해자는 이미 오래전에 처벌받고 죗값을 치렀다. 일사부재리 一事不再理. 같은 일로 다시 처벌할 수 없다. 그리고 결정적으로 가진 돈이 없다. 그러니 손해배상 받을 수도 없다. 그래서 할아버지는 대신 가해자의 아내와 자녀를 노렸다. 이길 수 없는 소송임에도 눈 감고 덤벼든다.

화양연화

그럼 이쯤에서 그 '사기 피해자'가 어떤 할아버지일지 한번 상상해보시라. 사기당해 전 재산 탕진하고 길거리로 내몰려서 노숙인 생활하는 궁핍하고 불쌍한 할아버지 모습이 떠오르지 않는가. 전혀 아니다. 큰 부자다. 서울 한복판에 건물 몇 채 가지고 있다. 임대 수익이 엄청나다. 그런데도 그 사건을 잊지 않는다. 무엇보다 나이가 무기다. 한국 사회의 특성을 완벽하게 활용한다. 아흔 살 가까운 노인이 법정에서 소리 지르며 욕설에 삿대질 하며 매번 난동을 부린다. 이미 그 법원에서 유명하다.

하지만 한국은 어쩔 수 없는 유교의 나라다. 아무도 할아버지를 저지하지 못한다. 판사들도 어찌할 줄 모른다. 재판 중 상대 변호사에게 막말은 기본이다. 끝나면 따라오며 욕한다. 심지어 얼굴에 황산 뿌리겠다고 협박한다. 이후 그 재판에 변호사 여럿이 출석했는데, 위험에 처할 수 있으니 항상 조심하라고 당부한다. 황산 협박도 잊지 않도록 상기시킨다. 알아야 조금이라도 피할 수 있다. 황산을 맞더라도 얼굴은 피해야 하지 않겠는가.

목사님이십니까?

승소했다. 억대 손해배상 소송이었다. 판결이 확정됐고 이제 돈만 받으면 됐다. 하지만 패소한 상대방은 기분이 상했고 순순히 응하지 않았다. 반*건달들 사이의 자존심 싸움이었다. 그러나 이미 재산을 가압류했기 때문에 시간문제일 뿐 돈 못 받을 걱정은 없었다. 결국 강제집행 절차를 통해 이자까지 다 받아냈다. 소송비용도 받았다. 이제 상대방과의 일은 마무리됐다.

하지만 모든 일이 끝난 건 아니다. 대단히 중요한 일이 남아있다. 성공보수를 받아야 한다. 복잡할 거 없다. 그냥 계약대로 하면 된다. 계약서에 퍼센트가 정확하게 적혀 있다. 하지만 의뢰인은 생각이 달랐다.

판결 선고 전과 후 태도가 달라지는 고객들이 있다. 선고 전에는 이겨만 주면 약속한 것보다 더 주겠다는 말까지 한다. 물론 안 믿는다. 그냥 하는 말이다. 인사 정도로 이해하면 충분하다. 실제로 확실하게 계약서 고치자고 하면 누구도 응하지 않는다. 말만이라도 고마우니 일단 이기기 위해 함께 최선을 다하고 겸허하게 기다리자고 답하고 만다. 가끔 서운해 하는 의뢰인도 있다. 진심을 안 받아준다고. 그런데 그것도 그냥 하는 말이다. 겪어보니 그렇다.

막상 승소하면 표정과 말투가 싹 달라지는 사람도 많다. "솔직히 변호사가 한 게 뭐 있냐. 이길 사건이니까 이겼지. 증거도 내가 찾아서 가져다주고 합의도 내가 하고 변호사는 딱히 한 거 없지 않냐." 성공보수 줄 때 되니 갑자기 연락이 안 된다. 완전히 다른 사람이 되어 버린다. 인간에 대한 환멸이 생긴다. 단순히 돈 문제가 아니다. 사람에 대한 신뢰 문제다. 그러다 당당히 할인을 요구한다. 사정이 좋지 않으니 조금 깎아달라거나 분할 납부를 부탁하면 어지간하면 조금은 반영해준다. 좋은 게 좋은 거니까. 하지만 다짜고짜 자기 마음대로 깎아서 액수까지 정해 통보하는 의뢰인도 있다.

이 사건에서도 그랬다. 할인 요구를 거부했더니 만나서 얼굴 보고 이야기하자고 찾아왔다. 그런데 혼자가 아니었다. 처음 보는 사람과 함께 왔다. 누구냐고 물어보니 목사란다. 목사? 교회 목사님? 성직자? 그런데 아무리 봐도 외모가 심상치 않았다. 눈매가 남달랐다. 목사敎師가 아니라 전사戰士 느낌이었다. 지금은 목사일지 몰라도 과거에는 완전히 다른 일 했을 것 같았다. 시작부터 분위기가 묘했다. 양 측의 기 싸움이 이어졌다. 얼마 전까지 한 팀이었지만 지금은 적군이다. 세상이 이렇다.

어렵게 타협점을 찾았다. 하지만 말이 좋아 타협이지 계약서 내용보다 양보했다. 물론 쫓아내고 법대로 할 수도 있었다. 그게 내 스타일이기도 하다. 하지만 직원들의 안전도 생각해야 한다. 목사님이 재킷 안주머니에 회칼 품고 있을 수도 있다. 앙심 품으면 옛날 버릇 나올 수도 있다. 조금 양보하더라도 빨리 끝내고 내보내는 게 이익이었다. 자존심 대신 안전을 택했다. 회의실 테이블에 식칼 꽂아놓고 대치하는 건 영 모양새가 안 좋으니까.

이렇게 변호사는 언제 어떤 일 당할지 모른다. 안전하게 무사히 하루 마치는 것도 복이고 행운이다. 그러려면 맞설 때 맞서고 피할 때 피하는 판단력과 융통성이 필요하다. 직원들에게 위험수당이라도 챙겨줘야 하나.

제 정신으로
살기 힘든 세상

직접 얼굴 마주 보는 사람만 무서운 게 아니다. 얼굴은 못 봤지만 두려운 경우도 많다. 어쩌면 보이지 않는 상대이기 때문에 더 겁날 수도 있다. 게다가 이들은 제정신이 아니다. 얼마든지 실제로 찾아와 해코지 할 수 있다. 숨어있다 튀어나와 공격할 수도 있다. 잘못한 것도 없는데 걱정된다. 사실 지금도 완벽하게 안전하지는 않다. 정도가 심하거나 지금도 계속되는 것만 몇 개 추려봤다.

이재용 정혼녀

그 이재용 맞다. 이병철 손자이자 이건희의 장남. 삼성전자 부회장. 어떤 여성으로부터 장문의 편지를 받았다. 깔끔한 걸 넘어 아름다운 글씨체. 만년필로 꾹꾹 눌러 쓴 편지에는 엄청난 내용이 담겨있었다. 몇 통의 편지에 걸쳐 때로는 간결하게 때로는 장황하게 이야기한 내용을 요약하면 이렇다.

평소 '손변'을 주목하고 있었다. (사실 친한 사이 아니면 '손변'이라고 부르지 않는다. 약간의 하대 느낌이기도 하다. 시작부터 뭔가 불안하다.) 누구보다 정의롭고 총명하고 옳은 일에 발 벗고 나서 줄 것 같아서 좋아한다. (일단 사람 보는 눈은 전혀 없어 보인다.) 국정농단 사태 관련해 이재용이 구속되면서 결혼 약속에 차질 생겼다. (이게 무슨 말이지?) 사실 나는 이재용과 결혼하기로 약속한 사람이다. (이재용? 이재용과 결혼 약속?) 집안끼리 이미 이야기 끝난 정혼녀定婚女다. (정혼?)

이재용 일가가 빨리 약속 지키도록 도와 달라. 옥중 결혼도 좋다. (아니 왜?) 시아버지 이건희 회장이 곧 돌아가실 수도 있는데, 그러면 재산을 상속받게 된다. (그거야 그 식구들 일이지….) 이재용과 빨리 결혼할 수 있게 도와주면 상속 재산의 20%를 떼 주겠다. 도와달라. (이정도면 네팔 로또나 모나코 사위보다 더 황당하다.) 이재용이 있는 구치소로 편지 보냈는데 답이 없다. 갑자기 마음 변한 것 같다. 답답하고 걱정된다. (나도 답답하다. 할 말이 없다.)

발신자는 자기소개를 자세히 남겼다. 50대 대학교수. 유년기부터 그동안의 삶을 자세히 풀어놨다. 확인해봤다. 정말 그 대학에 그런 교수가 있었다. 유명한 책의 저자이기도 했다. 믿기지 않았다. 멀쩡한 대학교수가 이런 황당한 일을 할 리가 있겠는가. 믿기 힘들었다. 발신자가 큰 망상에 빠져 자신을 그 50대 교수로 착각했을 수도 있다.

하지만 교수라고 다 제정신이라는 보장은 어디에도 없다. 즉 진짜 교수였을 가능성도 있다. 누구라도 미칠 수 있기 때문이다. 미쳐서 회사에서 이상행동 하다가 강제로 정신병원에 갇힌 변호사도 봤다. 아무튼, 발신자가 교수든 아니든 50대든 아니든 정혼녀든 아니든, 그건 나와 상관 없었다. 아무런 연락도 안 하고 철저히 무시했다. 경험을 통해 그게 최선의 대응이란 걸 알고 있다.

그 후로도 몇 차례 깔끔한 필체의 자필 편지가 몇 통 더 왔다. 나중에는 왜 도와주지 않느냐는 항의 편지도 받았다. 나 때문에 상속 못 받으면 책임질 거냐는 협박 편지도 왔다. 몇 달 동안 계속 귀찮게 하더니 결국 편지가 끊겼다. 정말 유명대학 교수였는지는 지금도 알 수 없다. 진짜 정혼자였을까?

환상 속의 그대

이재용 같은 재벌가 후계자만 그런 일 겪는 건 아니다. 연예인들만 스토커에 시달리는 게 아니다. 상상 속에서 이미 나와 연애 중이었던 여성들이 있었다. 왜 요새 연락 안 받느냐는 이메일이 주기적으로 왔다. 사무실로 전화도 왔다. 다른 사람인 척 상담 예약까지 잡왔다. 다행히 눈치 빠른 비서가 속아 넘어가지 않고 잘 걸러냈다. 보통의 상담처럼 사무실 문 열어주고 대면했으면 어떤 일 생겼을지 모른다. 이메일이 계속 들어왔다. 이미 그에게 나는 연인이었다. 사진도 보내왔다. 수위가 점점 세졌다. 일단 스팸 처리는 했지만, 아예 안 읽으면 상태가 급속도로 심각해질 수 있기 때문에 다 열어봤다. 어떤 심리인지 어떤 상태인지 대충이라도 알아야 대응할 수 있으므로 읽지도 않고 삭제하는 대응은 좋지 않다. 다만 읽은 후 답하지 않고 무시했다.

그랬더니 내가 갑자기 마음 바꾸고 자기를 피한다면서 주변 사람들에게 도움을 청했다. 심지어 유명한 시사 방송 출연자들에게 연락해서 내가 변심한 것 같으니 만날 수 있게 이야기 전해달라고 요청했다. 몇몇 눈치 없는 사람은 진지하게 물어오기도 했다. 실제 사건이기를 은근히 바라는 모습도 엿보였다. 역시 다들 겉으로만 웃고 있을 뿐 그 속은 시기심과 경쟁의식으로 가득 차 있다. 역시 남의 불행은 나의 재미이자 행복이다. 난감하고 두려웠다. 이후에는 심지어 내 비서로 일하겠다는 제안까지 해왔다. 나를 가장 잘 아는 자기가 훌륭한 비서가 될 수 있다면서. 전형적 관계망상, 과대망상이었다. 치료가 시급한 환자였다. 지금은 완치되었는지 모르겠다.

비슷하지만 반대 방향인 경우도 있었다. 지독한 피해망상 증상을 보인 여성이었다. 대형 보험사와 그 임직원 여럿을 상대로 수십 건의 소송을 제기했다. 그리고 모두 패소했다. 억울하다며 도와달라고 찾아왔다.

시작은 보험금 지급 거부였다. 도둑이 집에 들어와 물건을 훔쳐갔다며 여러 번 보험금을 청구했지만 거부당했다. 손해액이 크지 않았음에도 소송까지 갔고 깔끔하게 패소했다. 하지만 포기하지 않았다. 오히려 더 집착했다. 집요하게 전화 걸고 인터넷에 글 쓰고 보험사로 직접 찾아갔다. 이렇게 싸우는 도중 이상한 일이 시작됐다. 집이 비었을 때 보험사 직원들이 몰래 들어와 망치로 가재도구를 부수고 벽지에 붉은 페인트로 낙서하고 돌아갔다. 세탁기, 냉장고, TV 등 가전제품을 차례로 고장 내고 도망갔다. 기르던 강아지, 고양이도 끔찍하게 죽였다. 시체를 문 앞에 끌어다 놨다. 그것도 여러번. 심지어 이제는 보험사 직원들이 조직적으로 따라다니며 미행하고 최근에는 경찰까지 매수해 모든 걸 도청한다는 믿기 힘든 이야기. 엉망으로 어질러진 집 안 사진과 피범벅이 된 동물 사체 사진도 보여줬다. 공포 영화보다 더 무서웠다. 이걸 어째야 하나.

다 듣기도 전에 이미 결론은 나와 있었다. 당장 내보내야 했다. 하지만 괜히 자극하면 나만 손해다. 이미 비슷한 일 여러 번 겪어보지 않았나. 침착하게 대응했다. 예전 재판 사건 기록을 보여 달라고 했다. 일부러 몸동작 크게 하고 획획 소리 내 종이 넘기며 살펴봤다. 당연히 망상이었다. 이 사건 담당할 능력이 없으니 더 뛰어난 변호사 찾아가라고 둘러대며 어렵게 돌려보냈다. 다행이었다.

하지만 일은 예상치 못한 국면으로 전개됐다. 왜 사건을 맡아주지 않느냐는 항의 전화가 끊임없이 걸려 왔다. 말투와 내용이 점점 더 거칠어졌다. 그러다 어느 순간부터 내가 그 사건을 정식으로 수임한 것처럼 생각하기 시작했다. 미칠 노릇이었다. 내 휴대전화 번호까지 알기 때문에 더 무서웠다. 한참 전화를 받지 않자 모르는 번호로 전화를 걸어 왔다. 받아보니 그 여성의 남편이었다. 왜 수임료 받아놓고 일 안 하느냐며 다짜고짜 욕설이었다. 어이없어서 당장 병원 데리고 가서 입원 치료시키라고 소리쳤다. 당신 아내 제정신 아닌 거 잘 알고 있지 않느냐고 되물었다. 아무 말 없었다.

그로부터 한동안 조용했다. 하지만 몇 년 지난 지금도 가끔씩 연락 온다. 언제나 그 사건, 그 소송 이야기다. 돈은 원하는 만큼 줄 테니 제발 맡아서 이겨달라는 문자와 이메일. 당연히 답은 안 하고 있다. 아무리 중증 환자이지만, 이래서 사람이 싫다.

전자파 공격과
'분노왕'

아무리 생각해도 신기하다. 뭔가 내가 알지 못하는 감춰진 세상이 있는 걸까. 각기 다른 사람들로부터 비슷한 연락을 받는다. 전자파 공격. 최근에는 뇌 스캔도 추가됐다. 황당할 수도 있지만, 최대한 진지하게 이야기하겠다.

한국 정부의 전자파 공격으로 끔찍한 고통을 받고 있으니 도와달라는 부탁을 종종 받곤 한다. 스케일 크게 UN이나 미국 정부가 등장하기도 하고, 판을 더 키워 세계 정부나 외계인을 의심하는 사람도 있다. 드라마 〈베터 콜 사울〉의 주인공 지미 맥길의 형 척 맥길 변호사 같은 모습이다. 전자파 공격 피하려 은박지 뒤집어쓰고, 벽과 창문도 은박지로 도배하고, 전자 제품 근처에도 못 간다.

실제로 전자파 공격을 받는 건 아닐 거다. 한국이든 미국이든 세계 정부든 UN이든 외계인이든 군이 시간과 노력 들여서 그 사람을 공격할 이유가 전혀 떠오르지 않는다. 뭔가 얻을 게 있어야 공격할 거 아닌가. 그 부분을 물어보면 답이 제각각이다. 하지만 전자파 공격에 대한 묘사와 그 증상은 너무도 유사하다. 아니 어떻게 이 사람들이 죄다 비슷한 걸 느끼지? 같은 고통을 호소하지? 오싹함을 느낀다.

하도 신기하고 궁금해서 자료를 찾아봤다. 정신과 전문의에게도 물어봤다. 놀라웠다. 전자파 공격 피해 호소는 실제로 전 세계에 퍼져 있었다. 예전에는 정신분열증이라고 부르던 조현병 증상 중 하나다. 하지만 인종, 국적, 성별, 나이, 학력, 재력을 불문하고 전 세계적으로 비슷한 양상을 보이는 이유에 대한 정설은 없었다. 매우 궁금하다. 알고 싶다. 뭔가 엄청난 비밀이 있거나 황당한 배경이 있을 것 같은데 그걸 모르니 답답하다.

그런데 전자파 공격을 받(고 있는 걸로 착각하는 조현병 증세를 보이)는 누군가에게는 내가 구세주다. 물론 내게는 그 일을 해결할 능력이 없으나, 종종 구원자로 오해받는다. 전자파 공격에서 구해달라는 간절한 부탁을 받는다. 이게 영광스러운 일인지 귀찮은 일인지 모르겠다. 하지만 부탁에 미지근하게 반응하면 분노에 찬 저주 편지를 받는다. 내가 대체 무슨 잘못을 한 건지 모르겠다. 왜 욕먹어야 하는지도 모르겠다. 그저 3만 변호사 중 하나일 뿐인데 이런 이상한 일까지 겪는다.

슬프게도 그게 전부가 아니다. 수십 년 전 당한 국가 폭력, 주변 사람들에게 당한 억울한 일, 가족에게 버림받은 슬픔 등을 호소하는 장문의 편지를 받곤 한다. 심각한 피해망상에 빠져 말도 안 되는 이야기를 장시간 이어나가며 하소연하는 사람도 있다. 그러나 도와주기 어렵다. 법적으로 취할 조치가 없으니 나는 도와줄 방법이 없다.

세상에는 '분노왕'들이 있다. 그들은 세상에 대한 울분을 토로한다. 누군가에 대한 격한 분노를 표출하며 당장 도와달라고 요구한다. 약속도 없이 불쑥 회사로 찾아오기도 한다. 자기들 편이 되어 달라고 부탁한다. 하지만 언제든 내가 그 분노의 대상이 될 수 있다. 분노왕들의 공격 대상은 합리적, 이성적 판단을 거쳐 정해지지 않는다. 그냥 재수 없으면 험한 꼴 당한다. 우리는 분노왕들의 사고 흐름을 헤아릴 수 없다. 운 좋게 나는 비껴가길 바랄 수밖에 없다.

친한 정신과 의사 한 명은 진료 보는 책상 서랍에 가스총을 넣어둔다. 마주 앉은 환자가 이상행동을 벌일 조짐이 보이면 바로 꺼내기 위해 한 손을 서랍 속에 넣은 채로 진료한다. 파출소로 연결된 비상벨과 대피공간도 마련되어 있다. 측은했다. 걱정도 됐다. 그런데 그게 남의 일만은 아니다. 얼마 전 회의실에서 상담 중 칼 맞아 사망한 변호사도 있다. 훗날 대단히 중요한 사건의 특별검사가 됐다 중도에 물러난 고검장 출신 거물급 변호사도 흉기 피습을 당한

적 있다.

남 일이 아니다. 하지만 변호사가 가스총 들고 상담하기는 어렵다. 법정에 가지고 들어갈 수도 없다. 그저 직원들에게 문단속 확실히 하고 이상한 전화 오면 앙심 사지 않도록 친절히 잘 응대해서 적당히 끊으라고 당부할 뿐이다. 오늘도 또 하루 무사히 지나가길. 나는. 정말. 사람이 싫다.

회복을 위한 변명

시작은 비 오는 토요일 오후 그 유언 출장이었다.

 내 인생에 주어진 시간은 한정되어 있다. 그러니 후회 없이 살아
야 한다. 그런데 걱정된다. 지금 제대로 가고 있는지 모르겠다. 어디
를 향해야 하는지. 어떻게 가야 할지. 지금 이 방향이 잘못됐다면 또
는 속도가 올바르지 않다면, 더 늦지 않게 즉각 교정해야 한다. 시간
은 흘러간다. 그래서 점점 더 조급해진다. 지나간 일을 바꿀 방법은
없다. 앞으로 잘 살기 위한 노력이라도 해야 한다. 지금 이 글도 더
는 시간을 허비하지 않겠다는 다짐이자 선언이다.
 맨 앞으로 돌아가 첫 장을 다시 봤다. '나'는 대체 어떤 사람인지
확인해서 앞으로 갈 길을 찾겠다고 했다. 그러기 위해 그동안 어떻

게 살아왔는지 돌아봤다. 특히 지금 하는 일과 관련한 기억을 다시
떠올려봤다. 내가 겪은 건 결국 사람과 사건이었다.

　많은 사람을 만났다. 그들의 개성은 강했다. 비슷한 사람은 한 명
도 없었다. 그래도 내 앞에선 다들 솔직해졌다. 가식과 체면을 유지
하려는 노력을 포기했다. 속마음이 생생하게 드러났다. 위기 상황에
서 가면 쓰고 연기하기는 힘들었을 거다. 덕분에 사람의 민낯을 봤
다. 고마운 일이다.
　다양한 사건을 다뤘다. 통쾌한 사건보다 어려웠던 사건이 더 기
억에 남는다. 밤잠 못 자고 고민한 사건, 상대방이 거칠게 저항한 사
건, 노력보다 성과가 적은 사건이 힘들었다. 하지만 가장 괴로운 건

따로 있다. 분명 처음에는 우리 편이었는데 어느 순간 갑자기 적이 되어버린 사람. 누구보다 더 악독하게 나에게 달려든다. 이렇게 사건을 통해 인간의 본성을 본다. 다행스러운 일이다.

　새로운 사람을 만나고 사건을 하나씩 해결할 때마다 깨달음을 얻었다. 역시 세상은 내 마음대로 돌아가지 않고, 사람들은 내 생각대로 움직이지 않았다. 60억 구성원 중 한 명에 불과한 나 역시 이런 세상을 살아갈 수밖에 없다. 누군가를 속이고 싶지 않지만, 그렇다고 속고 싶지도 않다.

　매사 부정적인 사람으로 보일 수 있다. 냉소적, 염세적으로 느껴질 수도 있다. 하지만 이렇게 책 한 권에 걸쳐 하소연하고 있으니 이왕 하는 김에 제대로 변명 한번 해보겠다. 애초에 그렇게 태어났을 수도 있지만, 직업적 특성도 어느 정도 영향을 미쳤을 것이다. 이 직업은 모든 걸 의심해야 한다. 보이는 걸 그대로 믿으면 안 된다. 꼼꼼히 따지고 뜯어봐야 한다. 그냥 포기하면 안 된다. 뭐라도 찾아내야 한다. 그러니 이건 비관이 아니라 꼼꼼함이다. 냉소가 아니라 책임감이다. 염세가 아니라 냉정한 현실 인식이다.

　모든 일을 낙관하는 변호사는 자격 미달이다. 이 정도면 괜찮겠지, 별 문제 없겠지 생각하는 사람은 법조인으로 일하면 안 된다. 의뢰인에게 피해만 입힌다. 본인은 모를지 몰라도 주변 사람들은 다 안다. 변호사는 작은 위험도 무시하지 않고 대처해야 한다. 이런 일을 하다 보니 점점 더 까다로워진다. 일에는 꼭 필요한 태도이지만 그게 인생에 도움 되는지는 잘 모르겠다.

그래서 조금은 달라져야 한다. 무책임한 낙관과 삶에 대한 긍정적 태도는 분명히 구별된다. 세상만사 보는 각도에 따라 완전히 달라진다. 계속해서 들어오는 사건 의뢰. 몸은 피곤하지만 즐거운 일이다. 꿈속에서도 스트레스를 받지만 고마운 일이다. 감사하는 마음으로 일해야 한다. 일에 치여 살지만 이렇게 글도 쓰고 책 읽고 영화 보고 다른 일도 병행하지 않는가. 그것만으로도 큰 행운이다.

처음 의도와 달리 아주 진한 하소연 글이 되고 말았다. 그런데도 끝까지 들어줘서 감사하다. 사실 변호사는 약해 보이면 안 된다. 힘들어도 티내면 안 된다. 그 순간 누군가 도전해온다. 안팎이 적이다. 그래서 이런 한탄과 투정은 위험하다. 그런데도 이렇게 털어놓고 있다. 인생의 반환점 근처를 돌면서 앞으로 새롭게 살아야 한다는 다짐을 했기 때문이다. 몸이 힘든 건 참으면 된다. 하지만 정신적으로 지치면 아무 일도 할 수 없다. 그래서 회복이 필요하다. 이 글을 쓰고 읽는 지금이 회복의 시간이다. 바로 여러분들이 지금 나를 회복시켜 주고 있다.

이제 결론이다. 솔직히 사람이 싫다. 하지만 언젠가는 또 좋아질지도 모른다. 세상일 어떻게 될지 아무도 모르니까.

회복을 위한 변명

사람이 싫다

초판 1쇄 펴낸 날 | 2021년 10월 8일
초판 5쇄 펴낸 날 | 2022년 6월 24일

지은이 | 손수호
펴낸이 | 홍정우
펴낸곳 | 브레인스토어

책임편집 | 김다니엘
편집진행 | 차종문, 박혜림
디자인 | 참프루, 이예슬
마케팅 | 육란

주소 | (04035) 서울특별시 마포구 양화로 7안길 31(서교동, 1층)
전화 | (02)3275-2915~7
팩스 | (02)3275-2918
이메일 | brainstore@chol.com
블로그 | https://blog.naver.com/brain_store
페이스북 | http://www.facebook.com/brainstorebooks
인스타그램 | https://instagram.com/brainstore_publishing

등록 | 2007년 11월 30일(제313-2007-000238호)